歴史文化ライブラリー

83

天皇陵の近代史

外池 昇

吉川弘文館

目次

今日の陵墓問題――プロローグ

立ち入れない陵墓

読者のみなさんが陵墓ときいて、まず思い浮かぶのはどのようなことであろうか。たとえばしばしば世界一大きいと説明される仁徳《にんとく》天皇陵（大仙陵《だいせんりょう》山古墳《やま》、大阪府堺市大仙町）は、知らない人がないくらい有名であり、陵墓といえば仁徳天皇陵という向きは多いであろう。またこの仁徳天皇のころは中国の正史である四八八年に成った『宋書倭国伝』にいういわゆる倭《わ》の五王の時代であり、讃《さん》・珍《ちん》・済《せい》・興《こう》・武《ぶ》の倭王が、『古事記』や『日本書紀』にみえるどの天皇にあたるのかについて諸説があることも、よく知られているところである。しかも、この倭の五王の時代、つまり五世紀は、巨大古墳の世紀ともいわれる時代で、現在各地に存在する巨大古墳が造られたのは、主にこのころに集中している。

しかし、これらの巨大古墳の多くは今日宮内庁によって陵墓として管理されていて、誰も内部に立ち入って見学することは許されていない。ましてや発掘による学術目的の調査など、望むべくもないのである。昭和四十七年（一九七二）三月には高松塚《たかまつづか》古墳（奈良県高市《たかいち》郡明日香《あすか》村平田《ひらた》）から極彩色の壁画が発見されて、広く社会の各方面から注目を集めたが、そのような発見は、倭の五王の時代に造られた古墳の多くからはまったく期待できないのである。

陵墓の比定

いま、仁徳天皇陵や倭の五王の例を取り上げて今日の陵墓をめぐる問題の一端を述べたが、まだ述べるべき点は残っている。それは、どの古墳にどの天皇が葬られているのかという、陵墓の比定の問題である。そしてこのことは、『宋書倭国伝』の倭の五王がそれぞれ、『日本書紀』などにみえるどの天皇にあたるかということとはまた別の問題であって、今日の宮内庁による比定は、今日の学問的水準を反映したものではないのである。実際には各地の陵墓を訪れてみると、それが何天皇の陵墓であるかを示す宮内庁による標示があるが、少なくとも歴史的な事実を求める見地からは、このすべてを信用してはならない。

もちろん古墳の被葬者の比定は、決して容易にできるものではない。そもそも日本の古墳から被葬者の名を示す墓誌などが発見された例はなく、文献の記述や考古学上の知見をよりどころに、どの古墳には誰が葬られているのではないか、と推察をめぐらせる以外に方法はないのである。つまり、これは何天皇の陵墓であると確定してそれを変更しない宮内庁の姿勢は、それが結果として正しいとか正しくないとかいう以前に、古墳の被葬者を比定する方法としては、根本的に間違っているのである。

書陵部主催の陵墓見学会

とはいうものの、宮内庁が研究者による陵墓の見学・調査の途を一切閉ざしているのでもない。右にふれた昭和四十七年（一九七二）の高松塚古墳壁画発見の七年後の昭和五十四年（一九七九）に、宮内庁書陵部によって関連諸学会の代表を対象とした見学会が、西浦白髪山古墳《にしうらしらかやま》（清寧天皇陵《せいねい》、大阪府羽《は》曳野市西浦《びきのにしうら》）で行なわれた。この見学会は、以後おおむね一年に一度のペースで公式・非公式のものを含めて今日まで二十数回を重ねており、地方史研究協議会の代表のひとりとして著者も十数回にわたって参加する機会を得た。

そのなかでも特に印象に残った三回の見学会について、ここで述べることにしたい。

平成四年（一九九二）九月十四日に見瀬丸山古墳《みせ》（国史跡丸山古墳、畝傍陵墓参考地《うねび》、奈

良県橿原《かしはら》市五条野町・大軽町）で行なわれた見学会では、偶然の機会に開口した同古墳石室《せきしつ》の内部が公開された。天武持統天皇陵とされたこともあるこの見瀬丸山古墳については、本書でも「天武持統天皇陵の改定」の章でふれることになるが、陵墓参考地とはいえ、宮内庁が管理する古墳の石室の内部が公開された例はこれまでになく、蛍光灯に照らされて石棺《せっかん》・側石《そくせき》・天井石《てんじょうせき》をくっきりとみることができたのは、じつに貴重な機会であった。

平成七年（一九九五）十一月二十五日に佐紀《さき》石塚《いしづか》山古墳（成務《せいむ》天皇陵、奈良県奈良市山陵《みささぎ》町）で行なわれた見学会では、見学に際して墳丘部の一部への立ち入りが認められたのである。見学の箇所が墳丘部裾に設けられたトレンチであったのは例年の見学会と同じであったが、水を抜いた周濠《しゅうごう》部の足場がぬかるんでいて危険というのが理由であったようである。それにしても右にも述べたように、宮内庁は研究者の陵墓への立ち入りをまったく認めていないわけで、著者自身陵墓として管理されている古墳の墳丘部に立ち入ることができるとはまったく考えていなかった。書陵部の係官に案内されて墳丘部へ立ち入った時、隣に居合わせた見学会参加者と目を見合わせて「歴史的瞬間だ」と言葉を交わしたものである。

平成九年（一九九七）十一月二十七日に平《ひら》田《た》梅山《うめやま》古墳（欽明天皇陵、奈良県高市郡明日香

図1　平田梅山古墳（欽明天皇陵）前方部の貼り石

村平田）では、前方部に揃った大きな貼《は》り石の印象が強烈であった（図1）。この貼り石は将来護岸のための蛇籠《じゃかご》（護岸等のためにかごの中に石を詰めたもの）で永遠に蔽《おお》い隠されてしまうことになるのであるが、この古墳を訪れる人々がこの貼り石に接することができないというのは、何とも惜しいことだと感じ入った次第であった。

このような宮内庁による陵墓の管理が、考古学・歴史学の発展を妨げていることは、誰でも容易に理解できるところであろう。なかでもとくに、古墳を研究の対象とする研究者の悲憤慷慨《ひふんこうがい》は察するにあまりある。陵墓を天皇の霊の眠る聖地とする宮内庁と、文化財として保存・公開し調査・研究の対象とするべきとする学界とでは、そもそも考え方の立脚点が基本的にまったく異なっているのである。

この両者の陵墓に対する考え方を比較するかぎりでは、学界の考え方に与《くみ》するという読者が圧倒的に多いのではないだろうか。著者の陵墓に対する考え方もそれと同じものであるが、それでは宮内庁はなぜ、どのようにして右に述べたような陵墓に対する考え方をするようになったのかという問題は依然として残るのである。

陵墓研究の視点

宮内庁に対して、学問の発展に寄与しないとか、非科学的な根拠にもとづく陵墓管理であるとか、評することは充分に意味のあることであるし、いかに宮内庁が態度をかえようとしなくても、今後もこのような批判は正面から宮内庁に向け続けられなくてはならない。しかし歴史学の視点から陵墓を捉える場合、問題はこれで終わるわけではない。宮内庁がこのような陵墓に対する姿勢・認識を持つようになった経緯を明らかにするという視点をもたなくては充分ではないのである。本書で陵墓を取り上げようとする視点は、まさにここにある。

そもそも考えてもみれば、すべての古墳が陵墓ではないし、すべての陵墓がいわゆる古墳というわけでもない。初代の神武天皇から昭和天皇まで各時代を通じて天皇陵は存在するのであり、それに天皇や皇后以外の皇族、つまり皇子・皇女らの墓地も、墓として宮内庁の管理下に置かれている。神武天皇をはじめとして史上実在しなかった天皇の陵もあり、また皇子・皇女らの墓は全国各地に散在している。畿内の巨大古墳の問題だけが、陵墓問題なのではない。このように、陵墓をめぐる問題は多岐にわたるものとなっているのである。

そのような点でいうと、陵墓問題の今日のあり方の原型が形づくられたのは、およそ幕末から明治期にかけてのころなのである。そこで本書では主にその時期に焦点をあてて、陵墓をめぐる諸々の問題を取り上げて論じることにしたい。

＊ 本書で取り上げる古墳の多くは、今日宮内庁書陵部によって陵墓として管理されているものが多い。その場合、地名に依拠した学術上の名称のほかに、宮内庁による被葬者名を記した名称が与えられている。本書は宮内庁による陵墓比定を認容するものではないが、陵墓として管理されていることを前提として議論をすすめる関係上、基本的には、古墳の名称としてこの両者を併記し、さらに所在地も記すことにする。

ただし、たとえば学術上誉田御廟山古墳とよばれている古墳は、宮内庁によって応神天皇陵とされているが、正しくは応神天皇恵我藻伏岡陵という。この恵我藻伏岡に当たる部分は、『古事記』『日本書紀』『延喜式』の記載をもとに定められているものであるが、本書では繁を避けて基本的には省略する。

つまり、この誉田御廟山古墳の場合、地名として大阪府羽曳野市誉田と、宮内庁による名称応神天皇陵を併記する。

また史料を引用する場合、読者一般の理解を助けるために、文意を損なわない範囲で表記を改めているので、この点についてご諒承いただきたい。

文久の修陵

宇都宮藩と文久の修陵

宮内庁の陵墓管理

「今日の陵墓問題——プロローグ」の章でも述べたように、宮内庁による陵墓の管理のあり方は、考古学・歴史学の研究の進展を著しく阻害するものである。つまり、陵墓を天皇・皇族の御霊の眠る聖域として内部への立ち入りをまったく認めないことと、どの陵墓の被葬者が誰であるかという陵墓の比定を、いったん決定したまま一切訂正しないことである。この両者にも若干の例外はあるが、それにしてもきわめて特殊な管理のあり方といわざるをえない。

それでは、このような管理はいったいいつごろからどのような経緯で行なわれるようになったのであろうか。本書で陵墓をめぐるさまざまな問題を論ずるにあたって、この点についてふれないわけにはいかない。

宇都宮藩による文久の修陵

さて結論からいうと、今日のこのような陵墓管理のあり方は文久年間（一八六一〜六四）から元治・慶応年間（一八六四〜六八）にかけて行なわれたいわゆる文久の修陵にその淵源《えんげん》が求められる。その文久の修陵は文久二年（一八六二）閏八月八日に、下野《しもつけ》（栃木県）の宇都宮藩主戸田忠恕《ただゆき》によって幕府に差し出された「修陵の建白」に端を発する。

陵墓といえばそのほとんどが畿内にあるわけで、修陵は朝廷か幕府による直轄事業か、もしそうでないとしても畿内にゆかりの深い藩によるものではないかと思われても当然であるが、そうではない。宇都宮藩が行なったのである。

とすれば、なぜ関東の一譜代大名が文久二年閏八月に「修陵の建白」を幕府に差し出したのであろうか。これまでのところ、それに対する答えは充分には準備されていないが、現在までの文久の修陵についての研究をふまえながら、新たな視点からここで取り組むことにしたい。

文久の修陵についての研究はすでに戦前期から厚い蓄積があるが、戦後期のものとしては、まず戸原純一氏の「幕末の修陵について」（宮内庁書陵部『書陵部紀要』昭和三十九年）

が重要である。これは、書陵部に所蔵されている関連史料を駆使して、文久の修陵の実態について具体的に述べたものである。

また大平聡氏の「公武合体運動と文久の修陵」(『考古学研究』昭和五十九年九月)は、主として朝幕関係に注目して文久の修陵を論じたものである。つまり弱体化した幕府に不安をもった宇都宮藩が、朝廷と幕府の両方に目配りを怠らないことによって藩の命運を保とうとした政治的な動向、つまりある意味での公武合体運動として文久の修陵を捉えたのである。

そして武田秀章氏が著わした『維新期天皇祭祀の研究』(平成八年、大明堂)は、国学・神道史研究の立場から文久の修陵を実証的に論じたものである。文久の修陵を幕末・明治期の朝廷・政府による祭祀体系の整備の過程のなかに位置づけたことは、文久の修陵研究の新たな流れとして注目される。

本書では、右のような諸研究の成果をふまえて、本章や「神武天皇陵の創出と『浄・穢』の廟議《びょうぎ》」「村落と陵墓」の章で、またそれ以外の章でも随時文久の修陵についてみることになるが、とくに注目を要する何点かの事柄について、ここでその大枠を示すことにしたい。

まず、文久の修陵の中心人物である戸田忠至《ただゆき》（間瀬和三郎《まなせわさぶろう》）の人間像である。宇都宮藩と文久の修陵との関係の特徴は、宇都宮藩が全体として文久の修陵に取り組んだのではなく、もっぱら戸田忠至がその差配にあたった点にある。忠至はどのような人物なのか。また、なぜそれほどまでに忠至は文久の修陵の完成に力を尽くしたのか。忠至にとって文久の修陵とは何であったかについて、あらためて検討したい。

次には、文久の修陵で神武天皇陵がどのように位置づけられたか、という問題である。神武天皇陵は、文久の修陵で最も重要視された天皇陵である。しかし実在しなかった天皇の陵など、いったいどうやって決めたのであろうか。神武天皇陵の場合、修陵というよりはむしろ創出といったほうがよほど適切であったはずである。しかしいったん造り出された神武天皇陵は、緊張が連続する幕末期の政治動向のなかにあって、攘夷《じょうい》の象徴として大きな役割を果たした。神武天皇陵をめぐる問題は、このようにきわめて政治的である。

三番目は、文久の修陵が古墳の周辺の村落に与えた影響についてである。文久の修陵に際して陵墓として管理されるようになった古墳は、立ち入りが禁じられることになった。しかし古墳は多くの場合、墳丘は木材・燃料・肥料などを供給する山林として、周濠は耕作地を潤《うるお》す用水溜池として、周辺の村落によってそれまで利用されてきていた。立ち入りが禁じられた文久の修陵以降、古墳と周辺の村落の関係はどのように変化したのであろうか。

以下、文久の修陵について主にこの三つの視点から捉えなおし、今日の宮内庁による陵墓管理について考える手がかりとすることにしたい。

「修陵の建白」

「修陵の建白」が宇都宮藩主戸田忠恕によって幕府へ差し出された文久二年（一八六二）閏八月は、幕末の政治的動乱の真っ最中にあたる。この前後の様子についてはいずれもよく知られた事柄ではあるが、ここであらためて大筋をなぞっておくことにしたい。

文久二年四月には、薩摩藩主島津忠義《ただよし》の実父久光《ひさみつ》が兵一〇〇〇を率いて上洛《じょうらく》し、寺田屋騒動によって藩内の尊攘派を弾圧した。五月には大原重徳《しげとみ》が久光を伴って勅使として江戸に下向し、六月に一橋慶喜《よしのぶ》の将軍後見職《こうけん》、松平慶永《よしなが》（春嶽《しゅんがく》）の政事総裁職の就任を求める勅旨を伝達し、七月に慶喜・慶永がそれぞれの職に就く。そして八月には、江戸を発った久光を護衛する薩摩藩士が行列の前を横切ったイギリス人を斬り付ける、いわゆる生《なま》麦《むぎ》事件が起こっているのである。宇都宮藩が幕府に「修陵の建白」を差し出す直前の動向は、およそこのようなものであった。

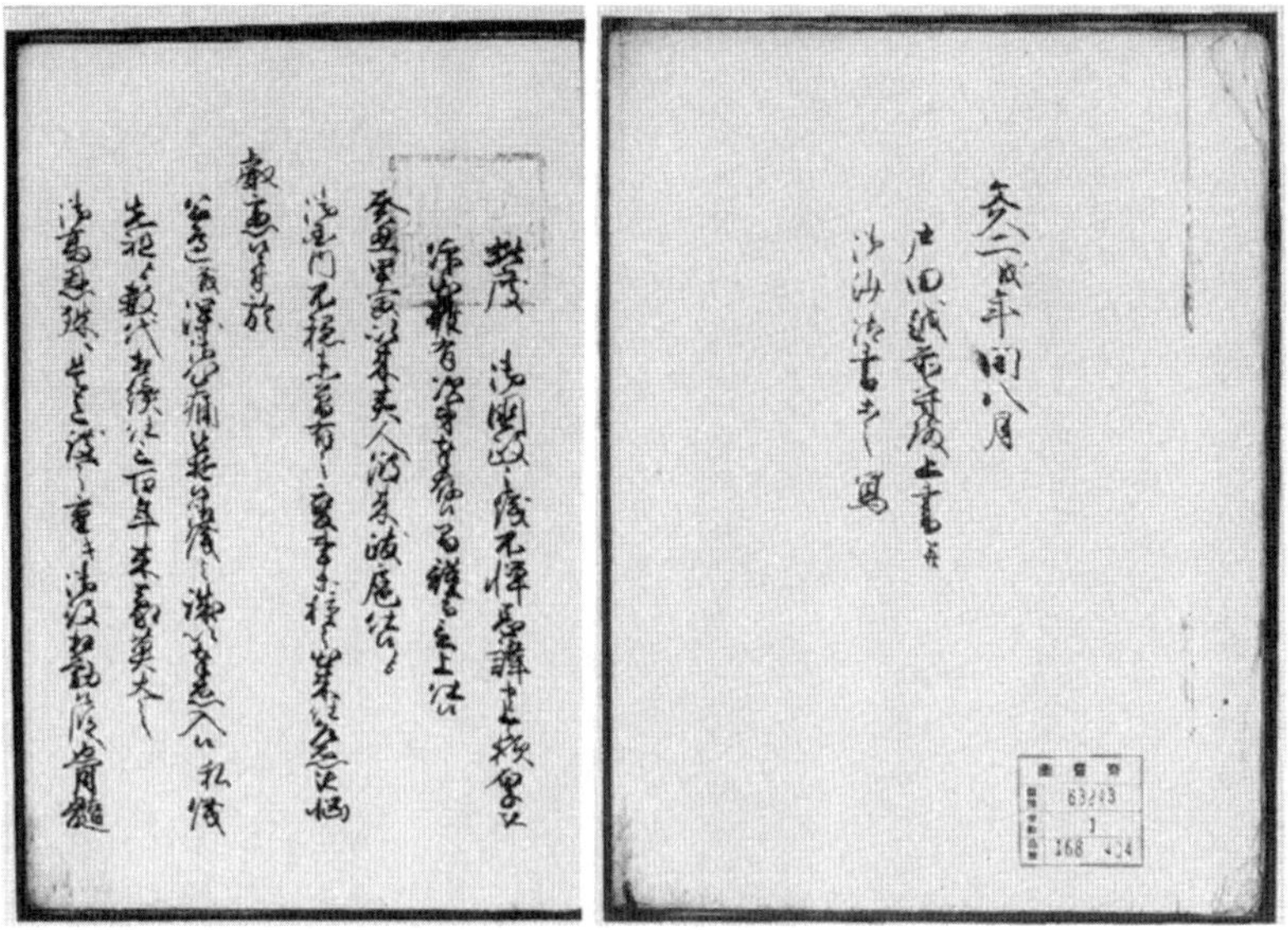

図２　『修陵の建白』写（宮内庁書陵部所蔵）

ここで注目すべきことは、七月二十三日に重徳が将軍後見職の慶喜と政事総裁職の慶永と会見した際に、京都所司代の交替や、江戸城大奥での和宮《かずのみや》の待遇改善などの要求と並んで、「山陵御修覆御代拝等の儀」についても話が及んだことである。これに対する幕府側の返答は「これは至当の御沙汰に付き、早速御取調これあるべし」というものであったというが、残念ながらこれ以上の詳細な経過は知られない。従来このことは文久の修陵の研究でふれられてはこなかったものの、「修陵の建白」直前の陵墓をめぐる動向として大いに注目されてしかるべきである。政治的動乱の日々にあって、陵墓の修補は重要な案件として朝幕間で取り上げられている。閏八月の宇都宮藩による「修陵の建白」を、政治的動向の文脈とは無縁の突飛な出来事として理解してはならないのである。

たしかに文久の修陵の実態を端的に表現すれば、古墳の土木工事と皇室の祭祀体系の整備ということである。その点では刻々と変化する現実の政治情勢に、そのつど影響されたり影響を与えたりするような性格のものではないかもしれない。しかしこのような動乱期にあって、陵墓の扱いが実際に朝幕間で懸案となったのである。考えてみれば、文久の修陵が幕末期の政治的動向と無関係であるわけがない。

建白の内容

そうした視点からすると、「修陵の建白」の次の部分は重要である。

この度御国政の儀、忌諱《きき》を憚《はばか》らず申し上げ候様、厚く仰せ出られ、有り難き次第に存じ奉り候間、謹んで言上仕り候、癸丑《きちゆう》（引用註—嘉永六年のペリーの浦賀来航）・甲寅《こういん》（引用註—安政元年のペリーの再来航）以来、夷人《いじん》渡来跋扈《ばっこ》（引用註—のさばること）仕り候より、御国内不穏、未曾有《みぞう》の変革等種々出来《しゅったい》

このように、「修陵の建白」は緊迫した政治情勢に立脚して幕府に差し出されたものなのである。さらに「修陵の建白」は「恐れながら叡慮《えいりょ》（引用註—天皇のお考え）を悩ませられ候につき、公辺《こうへん》も深く御心痛遊ばされ候儀、誠にもって恐れ入り奉り候」と続ける。ここにみえるのは、入り組んだ朝幕関係への配慮である。陵墓の修補を幕府に差し出す建白のなかで取り上げるに当たって、避けて通れない問題である。

そしてこの国難を乗り切るための急務として「士気振起《しきしんき》」を第一とする。「その士気振起仕り候には、反始報本《はんしほうほん》より人情を厚ふし忠孝の道を養ひ立て候事、強国の基と存じ奉り候、……実情の厚より溢《あふ》れ出候忠孝の勇を以て、振い立て候士気は、強国の根元実備と存じ奉り候」というとおりである。そのような強国を実現するには陵墓の整備が重要であると、次のように説く。

天朝御代々様の御陵多分荒廃に相成り居り候、この儀古来有志の憂傷《ゆうしょう》仕り候故兼々承知仕り候、恐れながら万乗《ばんじょう》の玉体《ぎょくたい》を納めさせられ候処、荒蕪《こうぶ》の侭《まま》にて置かれ候儀、誠に勿体なき儀、恐懼《きょうく》悲傷《ひしょう》仕り候事に御座候

陵墓はここで「万乗の玉体を納めさせられ候処」と、定義されている。そうだとすれば、そのような陵墓が荒れ果てているさまを放置するべきではないと考えるのはごく当然である。さっそく整備しなければならない。さらにそのことによって次のような成果が得られるという。

恐れながら今上皇帝（引用註―孝明天皇）には追遠《ついえん》莫大の御孝道に相成り、御当家（引用註―徳川家）は奉上広大の御忠節相立ち、官武御一和の御趣意いよいよ以て相顕れ、且《か》つは官武御一同に忠孝の道を以て御垂教《すいきょう》遊ばれ候えば、海内一般御徳化に浴し反始報本の情厚く真の忠孝の士気振起仕る可く、且つは御陵御修補の事鎌倉以来数百年絶《た》えて御座なく候ため、御当家に至り御修補相成り候えば、千万年不朽《ふきゅう》の御盛功にて御忠義の道相立ち候より、天朝の御気色《みけしき》に叶《かな》わせられ天下の人民一統無双《むそう》の一大事と存じ奉り候

ここで、陵墓の修補が鎌倉時代以降まったく行なわれなかったとするのは、史実に照ら

して正確ではないが、陵墓の荒廃をあらためることによって「士気」が「振起」し「強国」が実現して、朝廷のためにも幕府のためにも最もよい結果が得られる、というのがここにみられる論理の組み立てである。そしてその中には、「孝道」「忠節」「忠孝」「忠義」といったいわば武家の精神的規範を象徴する文言が散りばめられている。

修陵の対象

しかしながら、幕府に陵墓の修補に関する建白を差し出したのは、幕末期にかぎってみても宇都宮藩だけではない。すでに『日本書紀』などによる神武天皇の即位から二五〇〇年に当たる天保十一年（一八四〇）を前にして、御三家水戸藩主徳川斉昭《なりあき》は天保五年（一八三四）九月に幕府に対して「年代の久しき故とは申しながら、太祖（引用註―神武天皇）の山陵多年荒廃致し、僅《わずか》に申し伝え候地も、少々小高く相成り居り候迄のよし承り及び申し候、……帝祖（引用註―神武天皇）の御廟御修遊ばれ候はば、ますます御至法相顕れ御武運弥《いよいよ》御長久に御座あるべし」と建議しているのである。これは幕府によって却下されたが、ここで取り上げられているのはもっぱら神武天皇陵である。そうしてみると、神武天皇陵ばかりでなく陵墓一般を修陵の対象としているのは、文久の修陵の特徴の一つとして数えられよう。

さて「修陵の建白」の内容の検討に戻ると、そこに述べられているのがいわば修陵の理念にすぎないことに気づかざるをえない。その点について、以下しばらくみることにしたい。

入用金

先にも述べたように、修陵というのは現実には陵墓、つまり多くの場合は古墳の普請工事であるから、それに必要な労力や入用金を実際に用意できなければ「修陵の建白」が述べる事柄は現実のものとならない。そのための具体的な見通しについて、「修陵の建白」はどのように述べているのであろうか。

「修陵の建白」はその点について、ただ「右御入用筋《にゅうようすじ》の儀、公辺《こうへん》御散財相成らざる様家来共へ申し付け工夫仕らせたく、私儀も元来勝手向き不如意《ふにょい》には御座候えども、斯《こ》の御時節御為筋《ためすじ》（引用註―よいと思われる方法）に相成り候に付、如何様《いかよう》にも力を尽し、一家中粥《かゆ》を啜《すす》り候とも尊敬心切を心懸け修補仕るべく候」とするのみなのである。ここでは入用金は一切宇都宮藩が負担することになっているが、どの程度の入用金が見込まれるかについても明らかにできていないのである。しかも「一家中粥を啜り候とも」とまでいうのは、いかに文飾とはいえ修陵に対する現実的な見通しがないことをむしろ証明するものと言わざるをえない。

幕府は同月十四日にこの「修陵の建白」を受け入れたが、その際、入用金は幕府が負担することにしたので、当然幕府はどの程度の入用金が見込まれるかを宇都宮藩に問い合わせる。しかし宇都宮藩としても詳細な見積もりなど出せるわけもなかった。そこでとりあえず陵墓一ヵ所あたり、「外囲柵矢来」（およそ六〇間四方で総間数二四〇間）が約二四〇両、「外囲御門」（踏石・金物とも）が約三〇両、「石垣囲」（およそ五間四方で高さ六〜七尺、総間数約二〇間）が約二〇〇両、「御鳥居」が約一五両、「鋪石」（およそ一〇間で幅五枚置一間につき約二両）が約二〇両、「御灯籠」一対が約三〇両、「尊号御建石」が約一〇両、「将軍様御建石」が約一〇両として約五五〇両、そして、神武天皇陵を除いて計九〇ヵ所で四万九五〇〇両の見当と回答せざるをえなかったのである。このように、当初宇都宮藩が考えた修陵は、後にいう拝所の設置にかかわる性格の部分だけが想定されており、古墳の墳丘・周濠・外堤についてはまったく眼が向けられていない。またそれでも、陵墓一ヵ所あたりの経費が五五〇両ということの根拠はここに示されているものの、神武天皇陵を除いて計九〇ヵ所ということの根拠は不明である。そして、神武天皇陵を除いて、というのも、神武天皇陵は特別に手厚く修補する必要があるから別途見積もるということなのであろうか。もっともこの段階では、宇都宮藩は畿内にある陵墓を実際に見ていない。幕府の問い合わせにまともに回答できなかったのも、むしろ当然であった。

このように「修陵の建白」は、いってみれば机上の論理にもとづいたものなのである。そのような根拠があやふやな「修陵の建白」を、なぜ幕府は受け入れたのであろうか。

この疑問については、これまでの文久の修陵をめぐる研究でも、明確な答えが出されているわけではない。もちろん、たとえば、水戸藩の国学の影響が宇都宮藩にも大きかったとか、天保年間には徳川斉昭による神武天皇陵修補の建白を却下できた幕府も、文久年間にいたって弱体化して宇都宮藩による「修陵の建白」を受け入れざるをえなくなったとか、さまざまな説明も可能である。しかしここでは右のような議論をふまえつつも、事実上文久の修陵の差配に当たった戸田忠至（間瀬和三郎）に焦点をあてて、文久の修陵についてみることにしたい。

戸田忠至と文久の修陵

戸田忠至と間瀬和三郎

「修陵の建白」は宇都宮藩主戸田忠恕《ただゆき》（一八四七〜六八）の名によって差し出されたものではあるが、当年弱冠十五歳の忠恕が実際の差配にあたったわけではない。文久の修陵の差配に当たったのは、終始一貫して文久二年に五十二歳であった筆頭家老間瀬《まなせ》和三郎改め戸田忠至《ただゆき》（大和守、一八〇九〜八三、図3）であった。文久の修陵の現実の過程に一歩踏み込んでみると、間瀬和三郎（戸田忠至）が果たした役割がきわめて大きかったことに眼を奪われる。ではなぜ和三郎は、決して容易ではなかったはずの文久の修陵の完成に心血を注ぐことになったのであろうか。以下、和三郎がたどった足跡に注目しながら、この問題を考えることにしたい。

図3　戸田忠至（間瀬和三郎）

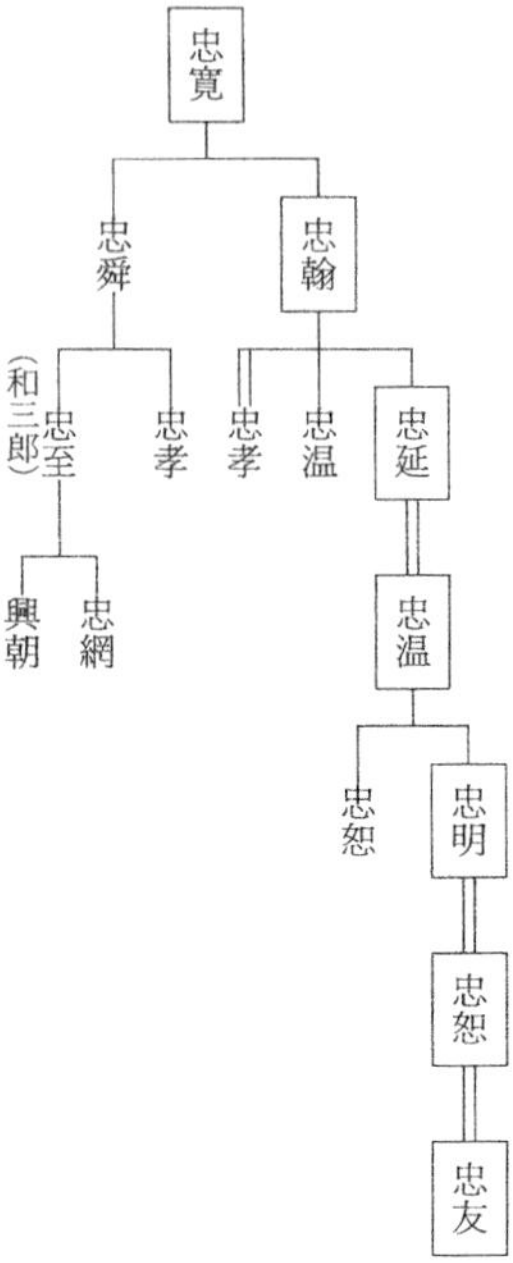

図4　戸田家（宇都宮藩）系図

＊□は宇都宮藩主

間瀬和三郎はじつは間瀬家の生まれではなく、藩主戸田家の生まれである（図4）。藩主忠翰《ただなか》の弟忠舜《ただきよ》（主計《かずえ》）の第二子として文化六年（一八〇九）八月十一日に生まれ方之丞《かたのじょう》と名付けられ、後に和三郎と改められた。その後和三郎の父忠舜は文化九年（一八一二）九月に田中一郎右衛門勝豊の養子となり、翌十月に忠舜は田中家に移ったが和三郎はそのまま戸田家に残された。

一方、和三郎の実兄鐸之進《たくのしん》（後に輔《たすく》、忠孝《ただたか》）は藩主忠翰の養子となり、文政四年（一八二一）九月には家臣として禄五〇〇石を賜った。そして和三郎は、文政元年（一八一八）三月に大番頭戸田土佐守与力木村内蔵允の養子となった。つまり、和三郎は藩主戸田家から出て与力木村家を名乗ったのである。この時和三郎は十歳である。

しかし和三郎と木村家との関係は円満ではなく、文政十二年（一八二九）にこの養子縁組は解消される。このころの和三郎の様子について、和三郎没後に岡谷繁実《おかのやしげざね》が編纂した『戸田忠至略譜稿』（図5）は「十二年己丑十一月、木村家より離婚、木村家は元来少禄なれば塩・炭・薪《たきぎ》・噌《みそ》の事よりして軀《く》（引用註―和三郎）自ら担任せられしかども生計足らず、木村家にては大名より養子の事なれば諸賄《まかない》は戸田家にて為すならんとの暗算より起りし事なれば、実家よりの扶助《ふじょ》なければ家事に紛紜《ふんうん》断へず、さりとて戸田家もその望みを

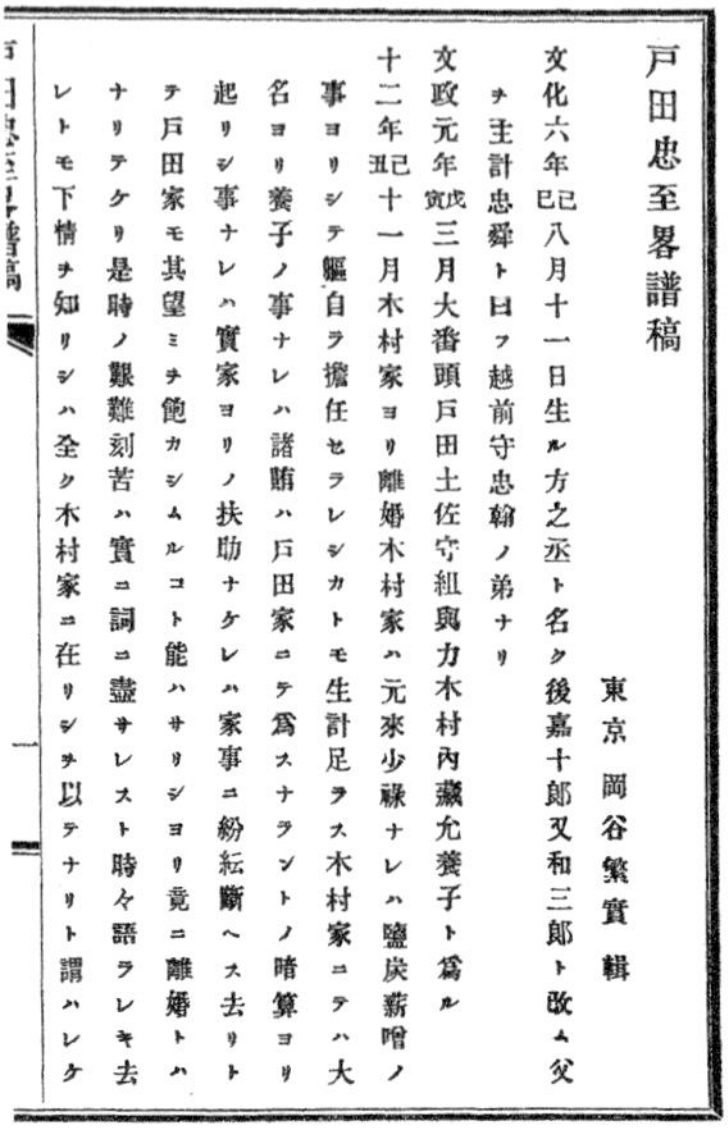
戸田忠至畧譜稿

東京　岡谷繁實　輯

文化六年己巳八月十一日生ル方之丞ト名ク後嘉十郎又和三郎ト改ム父ヲ主計忠舜ト曰フ越前守忠翰ノ弟ナリ

文政元年戊寅三月大番頭戸田土佐守組與力木村内藏允養子ト爲ル

十二年己丑十一月木村家ヨリ離婚木村家ハ元來少祿ナレハ鹽炭薪噌ノ事ヨリシテ躬自ラ擔任セラレシカトモ生計足ラス木村家ニテハ大名ヨリ養子ノ事ナレハ諸賄ハ戸田家ニテ爲スナラントノ胸算ヨリ起リシ事ナレハ實家ヨリノ扶助ナケレハ家事ニ紛紜斷ヘス去リトテ戸田家モ其望ミヲ飽カシムルコト能ハサリシヨリ竟ニ離婚トハナリテケリ是時ノ艱難刻苦ハ實ニ詞ニ盡サレスト時々語ラレキ去レトモ下情ヲ知リシハ全ク木村家ニ在リシヲ以テナリト謂ハレケ

図5　『戸田忠至略譜稿』（東京大学史料編纂所所蔵）

飽かしむること能はざりしより、ついに離婚（引用註―養子縁組の解消）とはなりてけり、この時の艱難刻苦《かんなんこっく》は実に詞《ことば》に尽されずと時々語られき」とする。和三郎は二十一歳であった。一一年以上に及ぶ木村家での生活は、このようにじつに悲惨なものであったのである。そして田中家に入っていた父忠舜も、天保三年（一八三二）正月に逝去した。

とはいうもののこの後和三郎は、戸田姓の家臣として順調な日々を送った。天保四年（一八三三）十二月に家臣に列し高二〇〇石を賜り取次格上席、同六年十二月に用人役、同九年九月に番頭役、同十二年十二月に高三〇石が加増されたのである。

しかし、和三郎にとっての転機はその後に訪れた。天保十三年（一八四二）三月の家老間瀬《まなせ》家の相続である。高六〇〇石であった。この間瀬家相続については後で詳しく述べるが、和三郎は間瀬家の当主として順風満帆であった。二年後の弘化元年（一八四四）六月には家老、同四年（一八四七）八月に勝手方を兼任、嘉永四年（一八五一）二月に二〇〇石加増され計八〇〇石、そして安政三年（一八五六）十月に家老上席、安政五年（一八五八）十二月には二〇〇石加増されて計一〇〇〇石となった。

そしてこの間宇都宮藩は、藩主の相続という点からすると混乱した時期を迎える。嘉永四年（一八五一）七月に四十八歳で亡くなった忠温《ただはる》の後を継いだのは弱冠十三歳の忠明《ただあき》であり、この忠明もその四年後の安政三年（一八五六）六月に亡くなる。その忠明を継いだ忠恕はわずか九歳であった。

このようななか、和三郎は家老としてよく宇都宮藩を支えた。『戸田忠至略譜稿』はこのころの和三郎について「幼君二代の間焦思《しょうし》苦慮《くりょ》し神仏に誓ひ肉を断ち酒を禁ずるに至れり、繁実《しげざね》、君（引用註―和三郎）の家に至る毎に酣宴《かんえん》（引用註―酒盛りのまっさいちゅう）刻を移せども適意に独酌するのみにて断て献酬せしことなし、殆んど禅僧《ぜんそう》と相対するが如くなりき」とする。

また『戸田御家記』は、辣腕《らつわん》を振るう家老間瀬和三郎の姿をよく伝える。たとえば万延元年（一八六〇）閏三月に、江戸城本丸の火災に当たって仰せ付けられた冥加金《みょうが》三九〇〇両の木材現物納を願って許されたことや、文久元年（一八六一）八月に宇都宮藩が麻布善福寺の異国人警衛を仰せ付けられたのを、藩内に尊王攘夷論が盛んであることをみて翌九月に二の丸火の番への変更を願って成功したことなどである。

間瀬和三郎の心情

はた目にはこのように順調な日々を送っていた和三郎ではあったが、自らはその境涯をどのように感じていたのであろうか。国立国文学研究資料館史料館受託の「岡谷文書《おかのや》」には、このころの和三郎の書簡が多く収められている。しばらく「岡谷文書」から安政五年（一八五八）の「間瀬和三郎戸田姓取り立て願」を取り上げて、和三郎自身の言葉に耳を傾けることにしたい。

この「間瀬和三郎戸田姓取り立て願」には、まず、宇都宮で和三郎が藩主忠温に面会した折に、忠温からふたたび養子にゆく気があるかと尋ねられた時の和三郎の答えが記されている。そこには「これ迄の養家（引用註―木村家）にて種々艱難仕り、または恥辱《ちじょく》をも度々与へられ候間、何卒今一度養子に差し遣され下され候はば御当家様御名も顕《あらわ》し候程の精勤を尽し、次には私儀もこれ迄恥辱を与へられ候面目をも相雪《そそ》ぎ度存じ奉り候」と、木村家にあったころが「艱難」「恥辱」の日々と回想されていたことが注目される。その一方で、「何卒いか程下輩の処にても宜しく御座候間、また一度御直参《じきさん》へ養子に遣わされ候様」と、養子の先を直参に限りたいという希望も述べられているのである。

またこれ以前から和三郎は江戸昌平橋屋敷の実兄戸田輔《たすく》方に身を寄せていたが、間瀬家に嫁いだ実姉の関係もあって、文政十二年（一八二九）から天保四年（一八三三）までは間瀬家に逗留していた。周囲の雰囲気も、自ら「間瀬家へ同居追々永引き私義容易に手放し難く、二十一歳より二十五歳迄同居仕り、其後も御在城の度毎に折々御噂遊ばれ」とするような具合で、このころからすでに和三郎は間瀬家と深いつながりがあった。そしてその背景は「常身ゐん殿（引用註―間瀬家に嫁した和三郎の実姉）の御難儀ならびに幼年の甥難渋《おいなんじゅう》見捨て難く、足を留め候内間瀬家類焼いよいよ以て見捨て難く、右類焼のふしん出来候処自分二十五歳にも相成り候」ということであった、と述べる。

そして、戸田三左衛門は和三郎に「御当家にも大臣の列少く、かつまた身に入候て御奉公相勤め候ものも人少にて、常々心細く存ぜられ候間、幸ひ私義当時爰元《ここもと》へ罷《まか》り越し居り候処、間瀬家の老人子供その外扱ひ向き朝暮の深切の段感じ入り致し候間、何卒御家臣に相成り候様、左候えば御家の御為、御先祖様への孝道にも相成り候間、養子の義は思ひ止り御家臣に相成り候様」と、間瀬家に留まったうえで宇都宮藩のために尽くすように述べたのである。しかし和三郎は藩主戸田家の生まれである。家老間瀬家の一員となることをどう思うかは、また別の問題である。

間瀬家の相続について、和三郎は「誠に以て驚き入り奉り候」と振り返る。そして忠温《ただはる》の話の進め方についても「当人存意も御尋ねこれなく俗に申すアタマ下しの御達」と酷評する。和三郎にしてみればそれなりの事情があったのである。間瀬家に嫁いだ姉の男子二人がともに病死し、外から養子を迎えるかどうか相談していた矢先の事であった。天保十三年（一八四二）三月の間瀬家相続は、和三郎にとってまさに晴天の霹靂《へきれき》であった。

和三郎は、妻の弟中島薫九郎を通じて戸田三左衛門に間瀬家相続の免除を願い出たが叶《かな》わなかった。この時の心中を和三郎は後に「私義も篤《とく》と覚悟仕り世の中の望み更に相断ち、只々御先祖様へ対し奉り、国家のための生涯忠勤を尽し相果候より外に余念これなき義と覚悟仕り」とする。絶望の淵に沈んだ和三郎の心情がここにある。時に和三郎は三十四歳であった。

文久の修陵に取り組む以前の間瀬和三郎にこのような来歴のあったことは、和三郎と文久の修陵との関係を考える場合にも重要である。というのも文久二年（一八六二）閏八月十四日に幕府が「修陵の建白」を受け入れると、九月二十一日にさっそく和三郎は間瀬姓を戸田姓に改めて戸田忠至《ただゆき》を名乗る。つまり和三郎の文久の修陵仕事始めは、自らの戸田姓復帰なのであった。和三郎にとって文久の修陵とは何であったのか。その答えは、右にみた和三郎の半生の中に隠されている。

戸田忠至の陵墓巡検

さてこの間瀬和三郎改め戸田忠至は、実際に陵墓を見分するべく畿内をめぐる。忠至一行は文久二年（一八六二）九月二十六日に江戸を出立し、十月九日に京都に着いた。忠至は、戸田家が正親町《おおぎまち》三条家を宗家《そうけ》と仰いでいたことから、正親町三条実愛《さねなる》と緊密な連絡を取りつつ、朝廷の指示を受けた。

そして十一月五日には陵墓巡検のため京都を発ち、大和・河内・和泉・摂津を訪れた。忠至以下の一行の主なメンバーは、谷森善臣《よしおみ》（三条西家、陵墓研究家）・同平太（善臣の子）、結城筑後守《ゆうきちくごのかみ》（蔵人所衆）、疋田《ひきた》作次郎（京都在住水戸家家来）、中条良蔵（南都奉行組与力）、吉田小大夫、村井修理少弐（蔵人所衆）、砂川健次郎（京都町奉行所与力、陵墓研究家）、平塚瓢斎《ひょうさい》（津久井正影、京都町奉行所与力、陵墓研究家）、岡本桃里《とうり》（大和桜井の人、絵師）、北浦定政（大和古市の人、藤堂《とうどう》家家来、陵墓研究家）、矢盛式部（大原家家来）、大沢清臣《すがおみ》、大橋長憙《ながおき》、田中教忠、今村又蔵（京都大工棟梁）、角井守民之助《つのいもりたみのすけ》、松井儀七郎らであった。もちろんこのなかには陵墓について熟知している研究家たちも何人か含まれてはいるが、忠至以下の宇都宮藩士にとっては、陵墓を眼にするはじめての機会であった。一行は各地を廻って陵墓を実際に見分しながら、陵墓に接する村の庄屋たちから説明を受けたのである。

この巡検は約一ヵ月におよんだが、今日の陵墓管理の基本はこの巡検の際の基本方針に求められるといっても過言ではない。もちろん例外はあるものの、陵墓の比定、域内への立ち入りの禁止、周濠からの引水の許可など、いずれもこの巡検に際して陵墓周辺の村に申し渡されているのである。

具体的な巡検の内容についてはおりにふれ述べることになるが、戸田忠至は巡検からの帰途、十二月四日に書き付けを大坂から京都・江戸表へ差し出した。そこには陵墓の現実の姿をはじめて目の当たりにした忠至の感慨が記されている。現実の陵墓の姿は、忠至の眼にはいったいどのように映ったのであろうか。次のとおりである。

御陵の頂《いただき》に麦作その外作物を仕付け、養ひの為め不浄《ふじょう》を掛け、または御陵を破り御石棺暴露仕り候所も許多《あまた》これあり、御陵の上に庶人《しょじん》の墓所これあり候所も相見へ、或は御石棺中へ水溜り候御場所もこれ有り、言語を絶し甚だ以て恐れ入り奉り候御模様に御座候

言語を絶する光景

なんと陵墓が耕作され、肥料として人糞《じんぷん》（「不浄《ふじょう》」）が用いられていたのである。そればかりか遺骸が納められている石棺《せっかん》が露出して水溜まりにはまり、農民の墓地が陵墓の域内に営まれている。後で述べるように、そのような陵墓あるいは巨大古墳の姿は、この時期にあっては決して珍しいものではなかったが、幕府に「修陵の建白」を差し出してはるばる畿内まで赴きはじめてその姿に接した忠至ら宇都宮藩士にとっては、それこそまさに言語を絶する光景であった。

それではそのような陵墓の姿は、農民の都合や無知による不法状態であったのか。それがそうでもなかったのである。忠至は「右は全く下民《げみん》の心得違いを以て開墾仕り候義にも御座なく、御領私領年貢地に相成り居り候由村役人申し聞かせ候、一体御陵を年貢地に仕り候義、筆端にも述べ難く不敬の次第と存じ奉り候間等々相尋ね候処、近年の事にもこれなく年久しく年貢地に相成り候由に御座候」と続ける。それらは農民の勝手作《かってさく》などではなく何年も前かられっきとした年貢地となっている、というのである。

「筆端《ひったん》にも述べ難く不敬《ふけい》の次第と存じ奉り候」とは、むしろ忠至の当惑の表現である。というのは年貢地となっている以上、その年貢地の引き上げの問題を素通りして文久の修陵は成功しない。たんに陵墓の普請だけをすればよいということではなくなってしまったのである。「もっとも聊《いささ》か宛《あて》の義には御座候へども、数年来の分は容易に引き揚げ候義にも至り申す間敷く、御普請差《さ》し支《つか》えに相成り候義心配仕り候」。忠至はここに、自ら当面する課題を的確に理解するにいたったのである。

修陵の方針

一行は十二月九日に京都にもどった。翌十日には忠至は山陵御用掛が列席する御所学習所で、さまざまな問題点について書面を差し出した。

まず、年貢地の取り扱いについては「御陵頂に作物仕付け年貢地に相成居候趣にて、これは無論に引き上げ申すべし、もっとも御陵廻りの地は前段申し上げ候通に付き、その儘《まま》に仕り置き申すべし、御取極《とりきめ》下され候上は関東（引用註―江戸幕府）へ申し談じ仕るべく候事」とする。忠至は、陵域内の年貢地を引き上げようとする姿勢を朝廷に示したのである。

また、ここにある「御陵廻りの地」とは、古墳の周濠が埋まって耕作されている場合のことであるが、これについての忠至の判断は右の陵域内の年貢地の場合と異なっていた。「廻りの池埋り居り当地田畑に相成り居り候分はその儘《まま》に仕り置き、御陵の廻り惣体垣を廻し候はば御締付き申すべき哉《や》と存じ奉り候、当時田畑に相成り居り候処を取り上げ候へば、自然民心いかがこれあるべきや、且《か》つはまた些少《さしょう》にても不毛の地に相成り候義は嘆《なげかわ》しき次第に存じ奉り候、これによって桓武《かんむ》帝御代以来の制作の振に仕り候時は、廻りに池これなくて済み、且つは民心穏にこれあるべし、かえって御陵往年御繁栄の基《もとい》と存じ奉り候」とする。つまり、もともと桓武天皇以降の陵墓には周囲に周濠はないのだから、せっかく田畑になっている場合は年貢地を取り上げず、そのまま田畑として耕作されているほうがむしろ御陵の繁栄と考える、というのである。

これに対する朝廷の見解は「民心を察し穏便《おんびん》の趣向《しゅこう》もっともに候へども、池の現在分明に候処、今度御修補なく廃棄され候ては後年に至り古制を失し御残念の義に候間、堀浚《さらい》御修補これあるべし、田畑年貢地に相成り候場所それぞれ替地《かえち》を充てらるべし、将来自己作物の向も迷惑これなき様勘考《かんこう》あるべく、関東（引用註—江戸幕府）へ申し談ずべく候事」とするのである。たとえ年貢地になっていても、また勝手作であっても、替りの土地を与えるなど農民の迷惑にならないようにしたうえで、周濠は古制の通りに復活せよ、というのである。

戸田忠至の、陵域内が耕作されている場合はともかく、せめて周濠が年貢地となっている場合は引き上げずに済ませたかったという目論見は、朝廷の受け入れるところとはならなかったのである。

このほか特筆しなくてはならないのは、拝所《はいじょ》の設置である。

拝所の設置

拝所の設置は、文久の修陵の早い段階からの方針であった。文久二年（一八六二）十月二十六日には戸田忠至は山陵御用掛《かかり》野宮定功《ののみやさだかつ》に、拝所について次のように申し述べている。陵墓の巡検に出立する前のことである。

大和その外古代の御陵何れも広大にて、その廻りに御座候大堀は何十間もこれあり、容易に近付き候事も出来兼候間、右様の分は絵図面一の印の通り、堤上に柵を廻らし、

> 正面の所は奉幣使《ほうへいし》等立たせられ候節の為め、堤の高さに場広に平地を築足し、外構の柵に木戸を設け錠締り付け、その木戸内に石標を立て、正面に御尊号《そんごう》を彫《ほ》り付け、後来某天皇御陵と申す儀紛乱仕らざる様に建て置き、その内の方に場所見計ひ扉付け御鳥居を立て、なおまた御陵後ろの方便利宜しき所へ柵に木戸付け置き、御掃除或は見廻り等の通路付け、平常は正面より出入り仕らざる様取り極め置き申す可し、また御堀埋み居り候所は浚《さらい》立て、外堤損所或は陸せざるの分は上は置築き足す等仕り申す可き哉に存じ奉り候

ここには、拝所の意味がじつに明快にあらわされている。つまり尊号を刻んだ石標を立てて陵墓の被葬者が後年不明にならないようにするとともに、奉幣使が祭事を行なうための柵・木戸・鳥居を設ける、というのである。またここで「御掃除或は見廻り等の通路付け」と、陵域内の「掃除」についてふれていることは注目に値する。詳しくは「村落と陵墓」の章で述べる。

右のような拝所の様子は、今日みられるものとおよそ一致するが、文久の修陵当時の拝所の様子を示す絵図が西田孝司『雄略天皇陵と近世史料』（一九九一年、末吉舎）に載せられている（図6）。

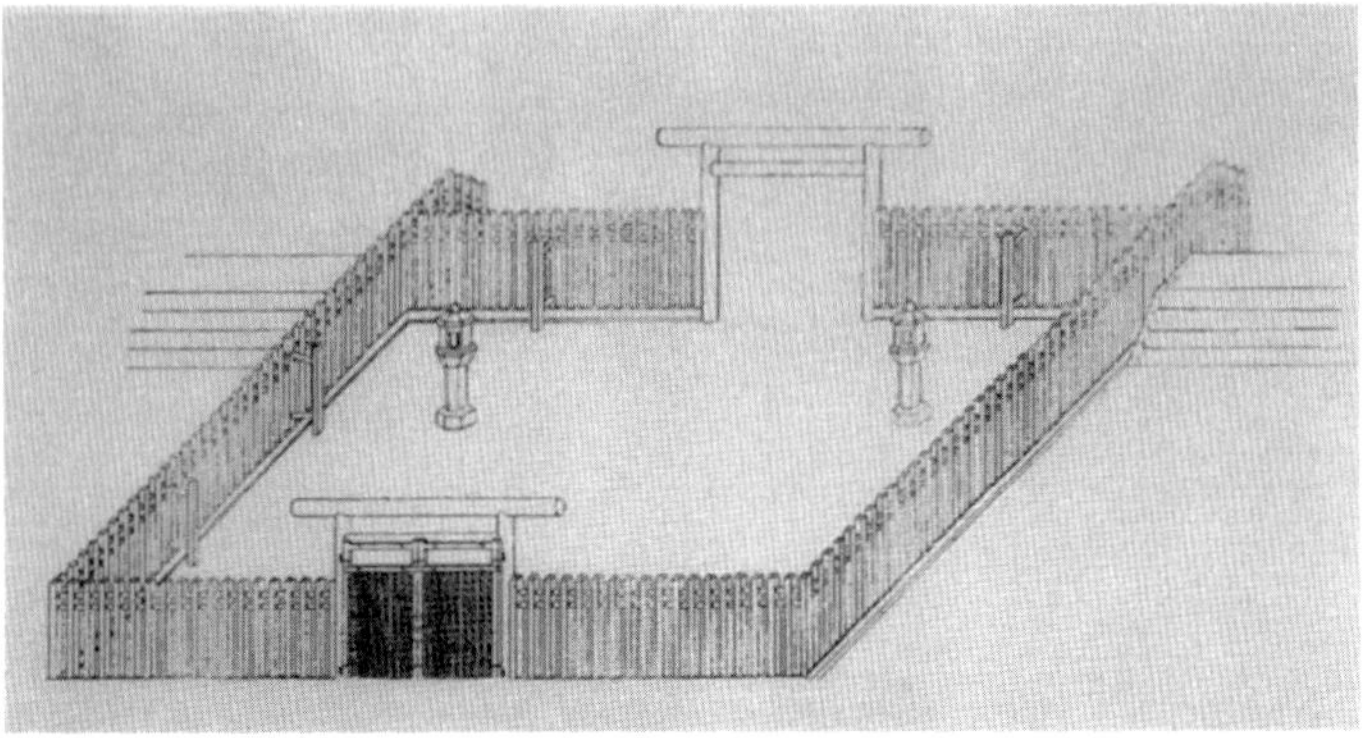

図６　雄略天皇陵拝所（元治元年，松村家文書）

これは元治元年（一八六四）の雄略天皇陵（島泉丸山古墳・平塚山古墳、大阪府羽曳野市島泉）の拝所の図で、鳥居・石灯籠・木柵の配置の様子がよく窺える。

今日宮内庁によって管理されている陵墓には、被葬者が特定されていない陵墓参考地を除いて、ほぼ例外なくこのような拝所がある。拝所はその名称が示すとおり、陵墓に眠る被葬者の霊に祭祀を行なうための施設である。そして拝所は、前方後円墳の場合には例外なく前方部に面して設けられている。つまり文久の修陵では、陵墓への祭祀はもっぱら前方部から行なわれることを前提として修補がなされたのである。

もっとも文久の修陵までは、一般に後円部墳頂以外は陵域とみなされず、祭祀は後円部でなされた。

この点について中井正弘氏は、文久の修陵で仁徳天皇陵の修補が開始される元治元年の前年の文久三年（一八六三）正月の老中格小笠原長行による仁徳天皇陵見分を取り上げている。この見分の際の絵図によれば、その道順は前方部をへずに直接後円部墳頂にいたるものであったという。

前方部への拝所の設置は、このような後円部への直接の見分・祭祀を斥《しりぞ》けて前方部の周濠を隔てた場所からのものにするとともに、陵墓の範囲を後円部墳頂はもとより、後円部全体、そして前方部・周濠・外堤《がいてい》にまで拡大したものである。さらにいえばこの拝所の設置は、陵墓として管理されるようになった古墳が、もはや祭祀の対象以外の何ものでもないことをきわめて具体的な形で示すものといえるのである。

神武天皇陵の創出と「浄・穢」の廟議

神武天皇陵の創出

神武天皇陵とは

文久の修陵で、最も重要視されたのは神武天皇陵である。一番はじめに普請に取りかかって完成したのも、最も多額の入用金が投入されたのも、神武天皇陵であった。いってみれば神武天皇陵の修補こそが、文久の修陵の要であったといえるのである。

事実このうち入用金について注目すると、文久の修陵に際して幕府から支給された七万三八一四両余のうち、神武天皇陵にはその一八・六％の一万三七五九両余が支出されている。それに対して、四条天皇陵が仁治三年（一二四二）に営まれて以来皇室の菩提寺とされ、歴代天皇・皇后の陵墓が営まれた泉涌寺《せんにゅうじ》（京都市東山区泉涌寺山内町、真言宗泉涌寺派本山）でも一万一〇五両（約一三・七％）、その他の陵墓全体でも四万九九五〇両（約六七・七％）の支出にすぎないのである。

また普請に取りかかった順序をみても、神武天皇陵の普請は文久三年（一八六三）五月に着手し同年十二月には落成しており、最も早い。これに次いで着手されたのは天智天皇陵の同年八月であり、その他の陵墓も早いもので同年九月から十一月にかけてで、多くは元治元年（一八六四）になってからの着手である。これらの点からみても、神武天皇陵が文久の修陵のなかでも突出した存在であったことは容易に理解できる。

それでは、なぜ神武天皇陵は文久の修陵のなかでも特別扱いなのであろうか。もちろん、神武天皇は『古事記』『日本書紀』による初代の天皇である。陵墓一般を修補の対象とした文久の修陵でも、神武天皇陵が何を措《お》いてもまず第一に取り上げられ、他の陵墓に較べて圧倒的に巨額な費用が投じられたのも当然かもしれない。

神武天皇陵三説

その神武天皇陵は、江戸時代にはどのような姿であったのであろうか。そもそも神武天皇陵についての記述は、およそ『古事記』『日本書紀』『延喜式《えんぎしき》』にみられるが、『古事記』には「御陵は畝火《うねび》山の北の方の白檮《かし》尾上に在り」、『日本書紀』には「畝傍《うねび》山東北陵に葬りまつる」、そして『延喜式』には「畝傍山東北陵……

大和国高市郡に在り、兆域《ちょういき》東西一町、南北二町……」とある。これらの記述をよりどころとして、江戸時代には神武天皇陵の所在地について三つの説があった。

その三説とは、神武田（ミサンザイ）（現神武天皇陵、奈良県橿原《かしはら》市大久保町）説、塚山（現綏靖《すいぜい》天皇陵、橿原市四条町）説、丸山（橿原市山本町）説である。この三説がそれぞれあるときは有力となりあるときは否定されるというのが、江戸時代における神武天皇陵の所在地をめぐる動向の概要である。

江戸時代の神武天皇陵

まず取り上げることにしたいのは、太田叙親・村井道弘『南都名所集』（延宝三年〈一六七五〉）である。これには文久の修陵に際して神武天皇陵とされた神武田の図（図7）が神武天皇陵として載せられており、大いに注目される。

また水戸光圀《みつくに》も、元禄七年（一六九四）に陵墓のなかでもとくに神武天皇陵の修補を幕府に提案したことがある。侍臣森尚謙《しょうけん》による「封事」には「恨む所は綿邈《めんばく》（引用註―はるかに遠いこと）の間、陵墓或はその地を失ひ、旧史録する所推求し難し」と述べられている。ここには神武天皇陵の所在地について直接関連する議論はみられないが、神武天皇陵をめぐる主要な動向として認められるものである。

図7　『南都名所集』の神武田（国立国会図書館所蔵）

次いで神武天皇陵について記しているのは、松下見林『前王廟陵記《ぜんおうびようりようき》』と貝原益軒《えきけん》『和州巡覧記』である。ともに元禄九年（一六九六）のもので、いずれも神武田を神武天皇陵とする。

このうち『前王廟陵記』は「東北の陵は百年ばかり以来壊《こぼ》ちて糞田とななし、民その田を呼びて神武田と字す。暴汚のなすところ痛哭《つうこく》すべし。数畝を余して一封となし農夫これに登るも恬《てん》として怪となさず、これを観るにおよびて寒心す」と述べているが、先の『南都名所集』の図とあわせて、この時期の神武田の様子をよく窺うことができる。

ただし『前王廟陵記』と『和州巡覧記』が著わされた翌年の元禄十年（一六九七）には幕府による修陵事業が行なわれ、その際に神武天皇陵はいったん神武田にあてられながらも、その後塚山に改められたという経緯がある。これは、塚山のある四条村の役人が申し出た伝承によるものであったが、これ以後文久の修陵にいたるまで、少なくとも公的には塚山は神武天皇陵であり続けたのである。

本居宣長が明和九年（一七七二）に著わした『菅笠《すががさ》日記』では、塚山説は「かしの尾上と古事記にあるを、ここははるかに山をばはなれて、さいふべき所にもあらぬうへに、綏《すい》靖《ぜい》・安寧《あんねい》などの御（陵）は、さばかり高く大きなるに、これのみかくかりそめなるべきにもあらず、かたがた心得がたし」と『古事記』の記述を根拠に否定され、その後著わされた『古事記伝』では、当時綏靖天皇陵とされていたスイセン塚古墳（奈良県橿原市慈明寺《じみようじ》町）を神武天皇陵にあてている。

その後あらわれたのが丸山説である。丸山は塚山や神武田とは違って畝傍山の山中にあり、先にも紹介した『古事記』の「御陵は畝傍山の北の方の白檮《かし》尾上に在り」という記述ともよく合う。竹口栄斉『陵墓志』（寛政六年〈一七九四〉ころ）と著名な蒲生《がもう》君平『山陵志』（文化五年〈一八〇八〉）はともに丸山説を採っており、以後丸山説は『古事記』の記述との整合性を大きなよりどころとして、神武天皇陵の有力な候補となるのである。

そして天保五年（一八三四）に、天保十一年（一八四〇）が神武天皇の即位から二五〇〇年にあたることから水戸藩主徳川斉昭《なりあき》が神武天皇陵修補の建白を幕府に差し出したが、すでにこのことは「文久の修陵」の章でふれたとおりである。

さらに嘉永二年（一八四九）七月には、弘化三年（一八四六）から嘉永四年（一八五一）にかけて奈良奉行であった川路《かわじ》聖謨《としあきら》によって『神武御陵考』が著わされた。そこで川路は、宣長のスイセン塚説を否定した後で神武田説と塚山説を併記している。川路については、「陵墓と祟《たた》り」の章でも述べることになる。

それでは文久の修陵では三説ある神武天皇陵の所在地について、どのように決着されたのであろうか。文久の修陵に際しては、理由は詳《つまび》らかではないが塚山説は取り上げられず、神武田説と丸山説が対立することになった。つまり、神武田説を主張する谷森善臣《よしおみ》と、丸山説を唱える北浦定政・平塚瓢斉《ひょうさい》（津久井清影）との間に論争が起こったのである。そしてこの三名はいずれも文久の修陵にあたって重要な役割を果たした陵墓研究家であって、三名ともに「文久の修陵」の章でみた、文久二年（一八六二）十一月から十二月にかけての戸田忠至《ただゆき》による陵墓巡検にも加わっている。

文久の修陵と神武天皇陵

しかしいずれにしても、神武天皇陵が二ヵ所あるわけにもいかない。この際塚山説は措《お》くとしても、神武田説と丸山説のいずれかを採用しいずれかを捨てなくては、文久の修陵は一歩も先に進まないのである。

ここでまず、丸山説についてみることにしたい。

北浦は嘉永元年（一八四八）に著わした『打墨縄《うちすみなわ》』で、神武天皇陵について「畝火山の東北を洞《ほら》村と云、その村の上にあり、字丸山とよぶ、上古の陵製に叶《かな》ひ、式の東北と有に叶ひ、古事記の畝火山の北の方、白檮の尾上に葬ると有にもよく叶へり」として丸山説を

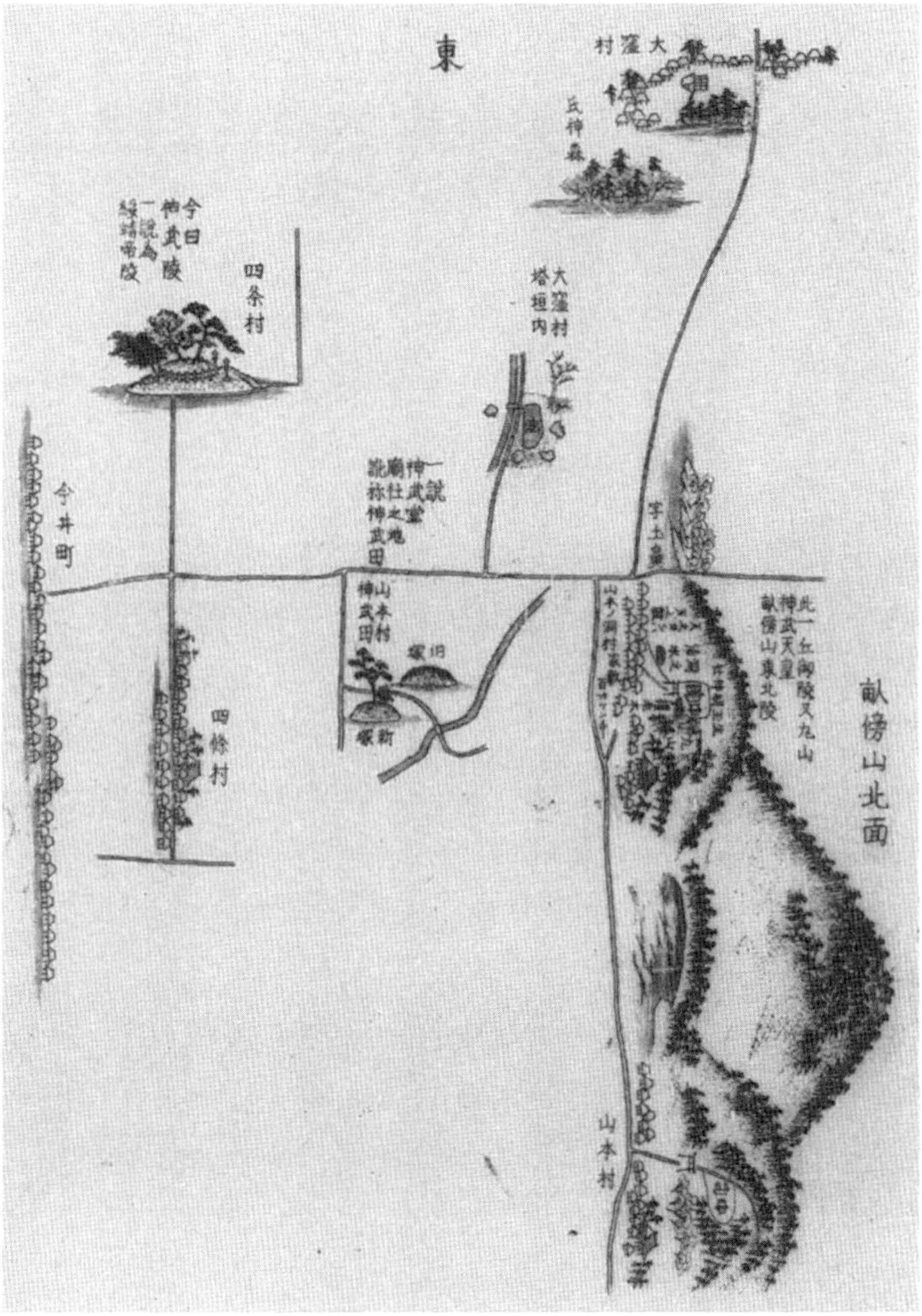

図８　『聖蹟図志』の神武天皇陵
（丸山・神武田・塚山，国立公文書館内閣文庫所蔵）

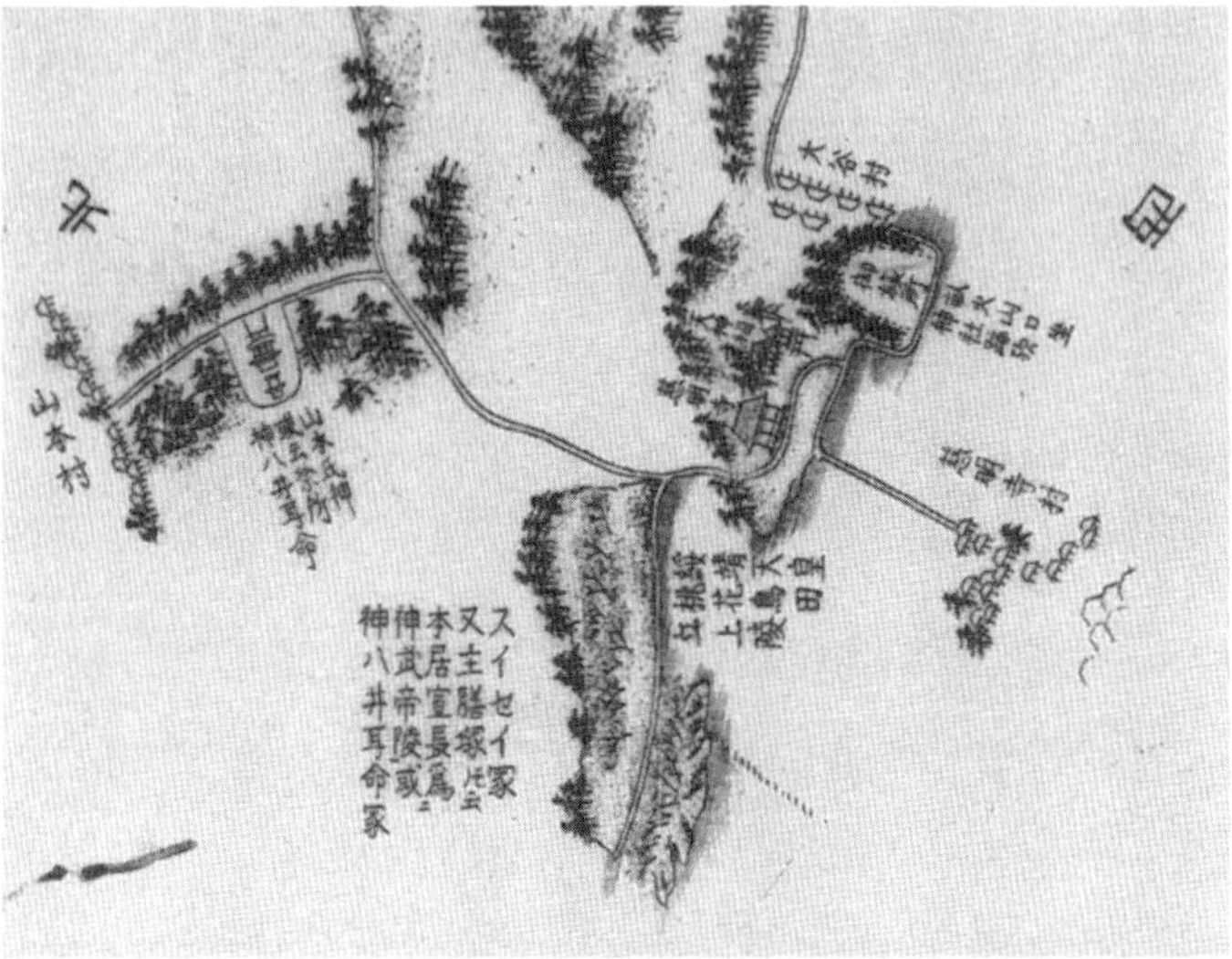

図 9　『聖蹟図志』の神武天皇陵（スイセイ塚，国立公文書館内閣文庫所蔵）

唱えて以降、一貫して丸山説を主張した。そのうえで神武田説については「洞村の二町計《ばかり》東北に、字ミサンサイと呼所あれど、平地にして、帝陵の形なし。また畝火山の尾上と云にも叶わず」と、塚山説についても「四条村の東の田の中にも、字塚山とよぶ神武陵と云あれど、これも平地にして、畝火山の尾上と云に叶はず」と否定しているのである。

また平塚も安政元年（一八五四）に『聖蹟図志』を著わし、丸山説を述べている。もっとも『聖蹟図志』にみる神武天皇陵についての記述は、平塚が自ら主張する丸山説について「この一丘御陵また丸山、神武天皇畝傍山東北陵」とするほか、神武田については「一説神武堂、廟社の地訛《なま》りて神武田と称す」と、塚山についても「今日神武陵、一説に綏靖帝陵と為す」（図8）としている。また本居宣長のスイセン塚古墳説についても「スイセイ冢、また主膳塚とも云、本居宣長神武帝陵と為す、或は神八井耳命《かむやいみみ》冢」（図9）とし、それまでの神武天皇陵の所在地をめぐる論争の経過をよく反映するものとなっている。

ここにみえる丸山説は無理のない妥当なもののように思われるが、それでは文久の修陵でははたしてこの丸山説が採用されたのであろうか。

神武田説の採用

文久三年（一八六三）二月十七日には神武天皇陵の所在地の決定についての孝明天皇の

「御沙汰」があり、そこでは「神武天皇御陵の儀、神武田の方に御治定《ちじょう》仰せ出され候事」とされたのである。つまり、孝明天皇自らの判断によって神武田説が採用されたのである。ただしこの「御沙汰」には「もっとも丸山の方麁末《そまつ》に相成らざる様仰せ出され候事」と付け加えられており、神武田説の採用にもかかわらず、丸山説が言下に否定されたわけでもなかったのである。たしかに神武田のほうが神武天皇陵だというのなら、そうではない丸山について「御沙汰」が「麁末に相成らざる様」などとする必要はなかったはずである。このようないってみればあいまいな措置が孝明天皇による「御沙汰」に盛り込まれたところにも、幕末期における神武天皇陵のあり方がよくあらわれているといえる。

さてこの神武天皇陵と定められた神武田では、同月二十四日に修陵起工奉告祭が行なわれ、翌三月二十八日に攘夷祈願祭典が行なわれた。

それでは、丸山説が斥《しりぞ》けられ神武田説が採用されたのはなぜなのであろうか。考古学専攻の春成秀爾氏は次のような見通しを立てている。神武天皇陵に攘夷奉告のため孝明天皇が自ら参拝することになるので、決定を急がされた幕府が神武田を神武天皇陵とした、というのである。

もちろんこのような政治的な側面も重要であり、この章でも後で取り上げることにしたいが、ここでは次に、孝明天皇が自らの「御沙汰」で神武田説を採用するにいたるまでの経緯についてみることにしたい。

谷森善臣と北浦定政の論争

神武田説の谷森善臣と丸山説の北浦定政には、それぞれともに「神武天皇御陵考」(東京大学史料編纂所写本所蔵)と題する神武天皇陵の所在地をめぐる論争にかかわる論考がある。谷森のものは文久三年二月八日付、北浦のものは同月十一日付である。

ここでこの両者の論考の論点のうち特徴的なものを記すことにしたい。丸山説の北浦の主張は『古事記』の「御陵は畝火山の北の方の白檮《かし》尾上に在り」という記述の中から、地形についての表現にとくに注目したものである。「白檮尾上」を白檮の尾根と解せば、たしかに丸山はこの『古事記』の記述に合い神武天皇陵にふさわしい。これに対する谷森の反論は、「白檮尾上」を「白檮尾の上」と読んだうえで白檮尾をたんなる地名と解して、特段山の尾根を示す表現ではないとするものである。そのほか谷森は、神武田の異称の「ミサンザイ」が「ミササギ(陵)」に通じることなども主張しているが、双方ともに相手を論駁《ろんばく》する決め手には欠けていると言わざるをえない。

この後、神武田説が採用されるまでの具体的な経過はどのようなものであったのであるうか。戸田忠至による「神武天皇御陵兆域《ちょういき》の儀に付上陳《じょうちん》」（『函底《かんてい》叢書』〈宮内庁書陵部所蔵〉）には、この両説の取り扱いの経緯が述べられている。

それによると、戸田忠至は神武天皇陵の所在地を決定するための準備を整えるにあたって、まず谷森に問い合わせて書面による回答を得てから、北浦へも同様に問い合わせてやはり書面によって回答を得た。この書面が、右にみた両名の「神武天皇御陵考」である。その後、北浦の回答を谷森に回覧したところ、「下ケ札《さげふだ》」（付箋）を付して返却してきたので、この二つの書面を後世混乱が起こらないようにと御所に差し出した。その後、徳大寺《とくだいじ》中納言（実則《さねのり》）と万里小路《までのこうじ》右中弁（博房《ひろふさ》）が勅使として現地を見分して神武田に決定した、というのである。

ただし注意しなくてはならないのは、この二つの説が同じ条件のもとに扱われたのではないということである。今みたように、谷森は北浦の書面をみて「下ヶ札」を付ける機会が与えられているが、北浦にはその機会は与えられていないのである。そのほかにも、山陵御用掛の野宮定功《ののみやさだかつ》は文久二年（一八六二）十月十六日にすでに谷森の著作である『諸陵徴』『諸陵説』を孝明天皇の叡覧《えいらん》に供していたのである。この『諸陵徴』『諸陵説』は、七日後の同月二十三日に返却されているが、このようなことも神武天皇陵決定へ向けての伏線として捉えておく必要があろう。

神武天皇陵と攘夷

ここで注目している文久三年（一八六三）には、神武天皇陵に特別な意味づけがなされた。それは、緊張した朝幕関係における攘夷との関係である。先にも述べたように文久三年二月十七日には神武天皇陵は神武田に決定されて、その後修補がなされ、同年三月二十八日には権中納言菊亭《きくてい》実順が勅使として神武天皇陵に参向し、攘夷祈願の宣命《せんみょう》を捧読しているのである。そして翌日菊亭は神功皇后陵に赴き、やはり攘夷祈願の宣命を捧読している。

このころの政治情勢一般に眼を向けると、三月四日には第十四代将軍徳川家茂《いえもち》は上洛して二条城に入り、同月十一日には家茂は孝明天皇の攘夷祈願の加茂社行幸に供奉《ぐぶ》、翌四月十一日の石清水《いわしみず》社行幸には家茂は病気を理由に供奉しなかったが、孝明天皇は石清水社でやはり攘夷の祈願を行なっているのである。その後家茂によって定められた攘夷期限の五月十日には長州藩がアメリカ商船を砲撃する下関事件が、そして七月二日には薩摩藩とイギリス艦隊が戦う薩英戦争が起こった。そして八月十三日には、孝明天皇が攘夷祈願のために神武天皇陵・春日社に行幸し、しばらく逗留して「御親征軍議」し、そのうえで伊勢神宮にも行幸するという計画が発表された。もっともこの計画は、よく知られている文久三年八月十八日の政変によって実現されることはなかったが、ここには、攘夷と神武天皇陵という、いってみればこれ以上はない取り合わせがみられるのである。

このように日を追うごとに混乱の度を増す政局のなかで、文久三年二月の神武田への決定以降神武天皇陵は攘夷の象徴としての役割を担うことになった。そこには、自ら東征し橿原で即位したという武勇のイメージが重ね合わされているのはいうまでもない。すなわち神武天皇陵は、天皇の意思を具現する聖地として明確に位置づけられるにいたったのである。

神武天皇陵の拡張整備

その後幕末期の激動をへて、さらに明治・大正期にいたる間にも神武天皇陵はしだいに拡張され、整備が進められていったことはよく知られている。ここでその過程を詳細にたどる余裕はないが、拡張のために隣接する被差別部落が移転させられたことは、住井するゑ『橋のない川』で取り上げられているので、ここで神武天皇陵についての話題を終えるに当たって、『橋のない川』からふでの言葉を引用したい。ここに「路《みち》」というのは、神武天皇陵の拡張に際して移転を余儀なくされた被差別部落洞《ほら》村のことである。

そやがな。ほら、来年は京都で即位式があるやろ。その時、天皇さんが畝傍《うねび》や橿原へ

図10　今日の神武天皇陵

くるさかい、それまでに路を立ち退かせたいんやで。路を立ち退かしたら峰山さん(引用註―畝傍《うねび》山)がまるまる神武ご陵になるさかいな。そんでも世間の噂では、立ち退きを渋ると家が焼かれてしまうそうな。

まさに聖地の骨頂としての神武天皇陵の姿がここにある。茂木雅博氏の「日本の近代化にとって、最も重要な遺跡の一つは神武天皇陵である。神武天皇陵なくして近代天皇制の柱である万世一系はあり得ないのである」という指摘はじつに当を得たものである(図10)。

「浄・穢」の廟議

祭祀の対象としての陵墓

これまでみてきたように幕末期において陵墓は、あるときは一藩の建白による修補の対象として、またあるときは攘夷の恰好の象徴として、位置づけられてきた。いってみれば陵墓は、さまざまな人々のそれぞれの思惑によって意味を与えられてきたのであった。

しかし各様の思惑といっても、少なくともこれまでみてきたところでは陵墓そのものに対する認識という点では、等しく共通する基盤があったといえる。それは、天皇・皇后、またそのほか皇子・皇女らの墓地である陵墓は、祭祀の対象にほかならない、ということである。天保五年（一八三四）の水戸藩主徳川斉昭《なりあき》による神武天皇陵修補の建議や、文久二年（一八六二）の宇都宮藩による「修陵の建白」にしても、また文久の修陵に対する朝廷の諸々の対応にしても、それは同じことであった。

陵墓は「穢」か

そして右にみた神武天皇陵をめぐる問題は、いってみれば神武天皇陵の創出というようにまとめることができよう。神武天皇陵は、まさに新しい国家にとっての新たな聖地として造り出されたのである。そしてそのことは神武天皇陵以外の陵墓一般についても、もちろん同様である。

ところがそのような聖地であるはずの陵墓について、明治元年（一八六八）閏四月に陵墓の「浄・穢」をめぐる、次のような驚くべき内容の議論が戦わされているのである。その結論自体は陵墓を「穢」としないというものではあったが、このような内容で議論がなされたこと自体がじつに興味深い。『復古記』同月七日条から引用する。

○制度事務局に令して、山陵御穢の事を議せしむ。
嵯《さ》峨《が》実愛《さねなる》手記に云、閏四月七日、制度局（原註、鷹司輔熙）へ山陵御穢有無の事、定めらるべく申し入れ置き候。

○
皇国の古典を通考仕り候に、上代には　天皇を現津《あきつ》御神《みかみ》と称《たた》へ奉り候て、現在に神と在せられ候御儀に御座候へば、幽界《ゆうかい》に遷《うつ》させられ候てもまた神と在せられ候事、更に疑なき御事に御座候、然るに中世以来、仏徒《ぶっと》の巧説《こうせつ》に拘泥《こうでい》させせられ候て、御大切なる御葬祭を一切僧徒《そうと》に委任遊ばれ候のみならず、その御陵処をも専ら仏寺の境内に営まさせられ候事に相成り候故に、懸《かけ》まくも畏《かしこ》き天皇の山陵をば、穢処の様に心得候人もこれ在り候は、余りに嘆《な》げか敷《しき》御事に御座候、元来葬祭は人倫《じんりん》の大事に御座候へば、左様に軽々敷僧徒《そうと》に御任《まか》せ遊ばさるべき御事には在せられざる義と存じ奉り候、今般御一新の折から、何卒この弊風《へいふう》をも御改正遊ばれ、山陵の御祭祀も御在世に替させられず、公卿大夫御懇篤《こんとく》に御奉仕成させらるべき御儀と存じ奉り候、また山陵は万代不易の幽宮《ゆうきゆう》に在せられ候へば、世人の穢処と心得申さざる様、天祖の神宮に擬《ぎ》させられ、潔清に御尊崇在せられ度存じ奉り候事。

谷森諸陵助（善臣）

制度事務局叢書

○

山陵を以て神社に擬せられ候旧証の義、顧問《こもん》を蒙《こうむ》り候処、一向覚悟仕らず候、『年中行事秘抄』荷前《のさき》条に「神事に似たりと雖《いえど》も頗《すこぶ》る不浄に渉る、仍て他の神事と行なわず」、また「斎月諸陵の官人参内すべからず」とこれあり、この文に拠り候得ば、神社に擬せられ難きか、仍てこの段言上仕候、以上。

閏四月　　勢多大判事（周甫）

制度事務局叢書

○御穢の事、廟議《びょうぎ》遂にこれなきに決せりと云。

まず、右の引用の冒頭にみえる制度事務局が検討を命じられた「山陵御穢の事」とはいったい何なのであろうか。そして終わりの部分では廟議がその「山陵御穢の事」を否定したことを載せるが、廟議、すなわち天皇の意思によらなければ否定できないほど、「山陵御穢の事」は朝廷にとって重い問題であったのであろうか。

これからそのことについて考えることにしたいが、その前に、まずこの議論を一見して感じられることは、冒頭に「山陵御穢の事を議せしむ」とされてはいるものの、少なくともなんらかの展開や選択の余地が与えられたうえでこの議論がなされたのではないであろうということである。つまり、谷森の「穢」はないという議論が採用されることがあらかじめ前提となっていたのには違いないのである。もしここで陵墓の「穢」が認められたとしたら、文久二年（一八六二）閏八月以降の文久の修陵の一連の過程が、すべて根底から覆されることになってしまうのである。なにしろ宇都宮藩による「修陵の建白」では、「文久の修陵」の章でみたとおり、陵墓について「恐れながら万乗《ばんじょう》の玉体《ぎょくたい》を納めさせられ候処」と表現されているのである。陵墓には「穢」があるとする議論を許容する余地は、ここにはまったくみられない。

谷森善臣と勢多周甫の立場

ここに登場する谷森善臣《よしおみ》と勢多周甫《せたのりみ》は、この陵墓の「穢」の有無をめぐる議論に加わることになった契機について、どのように述べているのであろうか。その点ではまず、「山陵を以て神社に擬せられ候旧証の義、顧問を蒙り候処」と勢多が述べていることが注目される。つまり勢多は山陵を神社に擬することができるかどうかを問われて、この陵墓の「穢」をめぐる議論に加わったのである。ところが右の谷森の議論には、そのような議論に加わった経緯を述べる文言はまったくみられない。

そもそも、両者の議論は決して嚙《か》み合ってはいない。谷森の議論はその前提の段階ですでに、本来的に神である天皇の陵が「穢処」であるわけがない、とするものである。そして、そのような天皇の葬祭に仏徒が関わるようになって、あたかも陵墓が「穢処」のようにされるのは嘆くべき「弊風《へいふう》」で、陵墓は伊勢神宮に擬せられたうえで潔清に尊崇されて当然である、と述べる。

これに対する勢多の議論は、たんに『年中行事秘抄』を引いて、陵墓は神社に擬せられないとするのみである。そして勢多の議論には、谷森が槍玉に挙げた「穢」という文言すらみられない。

それにしても右にみた文久の修陵の一連の過程では、陵墓を「穢」とする考え方の片鱗すら窺うことはできなかった。それが明治元年閏四月になって突然陵墓を「穢」とするかどうかの議論がなされるとは、いったいどうしたことなのであろうか。

儀式書にみる陵墓

このような、明治元年閏四月に問題となった陵墓を「穢」とする考え方の根拠となる文献を検索すると、勢多が引いた『年中行事秘抄』のほかにも、藤原師輔《もろすけ》『九条殿記』、藤原実資《さねすけ》『小野宮年中行事』、また北畠親房『職原抄』といった著名な儀式書を挙げることができる。ここで、これら儀式書の内容を検討することにしたい。

まず、藤原師輔『九条殿記』「荷前《のさき》」承平六年（九三六）十二月十六日条である。

或る説に云く「諸陵寮官人神事の月に当りて内裏に参らず」と云々

すなわち、陵墓を管轄する官庁である諸陵寮の官人は神事の月には参内しないとする説がある、というのである。「或る説」というからには少なくともなんらかの限定条件が加えられるには違いないが、それにしてもきわめて印象的な一文である。

そして藤原実資《さねすけ》『小野宮年中行事』は、荷前使を定める「荷前定」について次のように述べる。

康保三年（九六六）十二月十日『村上御記』に云く、「左大臣（引用註―藤原実頼《さねより》）申せしめて云く、『今日定め申す荷前使は如何』、仰せしめて云く、『今日神今食《じんこんじき》散斎也、旧説、諸陵の官人、斎月宮中に入らず、況《いわ》んや荷前使定をや』」

やはりここでも、『村上天皇御記』から引かれている「旧説、諸陵の官人、斎月宮中に入らず」という部分が重要である。「旧説」とはいうものの、諸陵寮の官人は斎月には宮中に入れない、というのである。

またここにみえる荷前使とは、律令制下に設けられた国家行事としての荷前において、儀式の執行のために実際に陵墓に赴く高位の官人のことである。

ここでしばらく、この荷前・荷前使についてみることにしたい。荷前は常幣《じょうへい》と別貢幣《べっこうべい》とから成るが、常幣が大蔵省・治部省によって当年の調の初物を一〇〇以上の歴代天皇らの陵墓に幣物《へいもつ》を頒つ儀式であるのに対し、別貢幣は、天皇出御のもとに内蔵《くら》寮が準備した高級織物や糸などの膨大な幣物を、天皇の尊属の陵墓のなかからとくに十陵四墓などとして選ばれた近陵・近墓に献じる儀式である。荷前使は、この別貢幣で幣物を陵墓に届ける高位の官人なのである。この荷前使も、ここではやはり陵墓に関わるということで「諸陵の官人」と同様の文脈で捉えられている。

さて『年中行事秘抄』は、「吉日を撰ぶ事」の項でこの荷前について次のように記している。

国史に云く「天安二年（八五八）十二月、詔して十陵四墓を定む、年終荷前幣使《のさきへいし》を献ず、今念誦《ねんじゅ》を憚《はば》からず、小浴宜しかるべし」と云々、神事に似たりと雖《いえど》も頗《すこぶ》る不浄に渉《わた》る、仍《よつ》て他の神事と行なわず

ここでも荷前は、「神事に似たりと雖も頗る不浄に渉る」とはっきりと「不浄」と規定されているのである。『年中行事秘抄』の著者は、いったい何をよりどころにこの部分を著わしたのであろうか。

また北畠親房『職原抄』（興国元年〈一三四〇〉）は、諸陵寮について次のように説明している。

禁忌の官たり、仍て寮頭の外強《あながち》にこれを任ぜず

「禁忌の官」というきわめて直接的な表現で、陵墓を管轄する諸陵寮を説明している。もっともこれも、親房がどのような根拠でこの部分を著わしたのかはわからない。

これらの儀式書の記述は、陵墓に奉幣をする荷前・荷前使を「不浄」とし、諸陵寮の官人を「禁忌の官」とするような考え方があったことを示している。もちろん今ここで、このような考え方のよって立つ由縁をはっきりと説明できるわけではない。ただ、このような文脈に位置づけられることでは、葬礼や陵墓にかかわる事柄を世襲した土師《はじ》氏が、天応元年（七八二）六月に「専《もっぱ》ら凶儀に預る、祖業を尋ね念《おも》うに、意ここに在《あ》らず」と「凶儀」に関与するのを忌避したことが思い起こされよう。

それではここでしばらくこの荷前を手がかりに、陵墓を「穢」とする考え方についてみることにしたい。

荷前の評価

その点でよく指摘されるのは、荷前使となった貴族がしばしば理由を設けてその勤めを懈怠《けたい》、つまりやすんでしまうことである。このことはこれまでにも多くの研究者の注目するところであって、さまざまな角度からの分析が試みられてきた。

まずここでそれらの研究のうち、荷前使の懈怠と天皇陵を「穢」とする考え方を直接的

に結びつける傾向があるものを挙げてみることにしたい。古くは和田軍一「皇陵」（『岩波講座日本歴史』戦前版）が、「荷前は神事に非ずとするも尚吉日を選んで行はれる儀式であるにも拘《かかわ》らず、事陵墓に係かるの故を以て、触穢の陋風《ろうふう》之を忌嫌するに至り」としている。また田中久夫『祖先祭祀の研究』（昭和五十三年、弘文堂）は、主に民俗学でいう常民の墳墓についての考え方を論じながらも、平安時代の貴族の墓地についての考え方についても論及し、「貴族社会内部においても墳墓を聖域であると考え、祖先の眠るところといった考え方が存在しなかったのではないか」とした。さらに和田萃「日本古代・中世の陵墓」（森浩一編『天皇陵古墳』〈平成八年、大巧社〉所収）は、「荷前使を闕怠《けったい》する者が数多く輩出するようになった歴史的背景を考えてみると、死のケガレを忌避しようとする観念が存在したように思われる」と述べている。

これに対して近年、荷前の国家行事としての性格を強調したうえで、皇室による祖先祭祀、また貴族社会における陵墓のあり方の特質を分析しようとする研究が出てきていて注目される。

服藤早苗『家成立史の研究』（平成三年、校倉書房）は「天皇が神事としての衣服を着し、吉日を選んで行われる儀式のあり方を勘案するとき、官人の闕怠が当初から穢意識に支えられていたためとみることは疑問とせざるをえない」とし、右にみた諸説に反論している。そして田中聡「『陵墓』にみる『天皇』の形成と変質――古代から中世へ――」(日本史研究会・京都民科歴史部会編『「陵墓」からみた日本史』〈平成七年、青木書店〉所収)は、古代を通じた陵墓管理・祭祀のあり方の変化を詳細に分析するなかで、荷前についても「荷前の衰退は本当に死穢観念の貴族社会への浸透に起因するのか。『陵墓』に赴くことや遣使自体が穢れに触れる行為であるという様な文言は貴族の日記類にはみられず、また山作所＝山陵に到ることが穢れに当たらぬことは『延喜臨時祭式』にも明記されている」と述べている。

このように、荷前使の懈怠が貴族の陵墓に対する考え方によるものであるかどうかについては、互いに相容れない二通りの解釈がある。たしかに律令に規定された国家行事について論じるにあたっては、律令の規定の内容こそが最も重要なのかもしれない。しかし右にみた『九条殿記』をはじめとするいくつかの儀式書には、律令の規定とはまったく反する陵墓についての考え方がきわめて明確に示されている。これはどのように考えればよいのであろうか。もとより貴族の思想・心情は、なにも国家行事や律令によって規定されていたわけではないであろう。律令によって明文化された国家行事としての荷前と、貴族が荷前をどのように考えていたかということとは、分けて考えるべきである。

それにしても歴史的にも著名ないくつかの儀式書に、諸陵寮の官人について「斎月宮中に入らず」とか、荷前を「頗る不浄に渉る」とか、挙げ句の果てには諸陵寮を「禁忌の官」であるとか書かれていたのでは、文久の修陵以降の陵墓をめぐる諸々の動向との整合性が問題となるのはごく当然のことである。明治元年閏四月にこのことをめぐって議論がなされ、廟議をもって陵墓に「穢」がないことを決定せざるをえなかった背景はここにある。

幕末期の諸陵寮

またこの明治元年を四年さかのぼる元治元年（一八六四）二月には、朝廷に陵墓に関する事務を掌る諸陵寮が再興されたが、これについて下橋敬長《おさなが》が『幕末の宮廷』（昭和五十四年、平凡社東洋文庫）のなかで次のように説明していることは注目に値する。陵墓を「穢」とする考え方が、文久の修陵以降のさまざまな陵墓をめぐる動向の根本を脅かすのではないかという危惧は、決して杞憂《きゆう》などではなかったのである。

諸陵寮は元治元年御再興となりまして、その諸陵頭を摂家諸大夫の内にて競望《けいもう》（引用註―ある官職に就こうとする者を募ること）の儀を仰せ出されましたところ、自然、宣下に相成ります上は、恐れ多いことでありますが、禁忌の官であるので、正月元日より十五日まで、かつまた御神事の節には朝廷へ出入りを停止せられるので、差し支えが少なくないので、何人も競望する者がなく、皆お断りを申し上げたのでありました。よって親王家の諸大夫へその競望を仰せ出されましたところ、これもまた同様にお断り申し上げました。

ここには、当時朝廷で諸陵寮がどのようにみられていたかがよく表われている。「禁忌の官であるので、正月元日より十五日まで、かつまた御神事の節には朝廷へ出入りを停止せられる」というのは、右にみた儀式書の内容のまさにそのままである。

明治二年の諸陵寮再興

その後明治二年（一八六九）九月に、政府に諸陵寮が設置されることになるが、それに関連した次の「神祇官上申」（『公文録』〈国立公文書館所蔵〉）も興味深いものである。

山陵の儀当官（引用註―神祇官）総官に仰せ出され候処、職員打ち混り候ては清穢の別相立たず議論沸騰致すべきに付き、山陵事務は別局に仕り、神祇事務と混雑相成らざる様仕り度く、就ては職号御取り定めこれあり候様然るべく御評議給うべく候也

（明治二年）巳九月日欠　　神祇官

表1　明治期の陵墓の管轄官庁の推移

年　月　日	官　庁　の　推　移
明治 2年 9月17日	神祇官に諸陵寮を置く
4年 8月 4日	神祇官内の諸陵寮を廃し陵墓事務は神祇官で取扱う
4年 8月 8日	神祇官を神祇省とする
5年 3月14日	神祇省を教部省とする
5年 5月20日	教部省が陵墓事務を管轄する
7年 8月 3日	教部省に諸陵掛を置く
10年 1月11日	教部省を廃し管掌事務を内務省に付す
10年 1月19日	内務省に社寺局を置き陵墓事務を管轄する
11年 2月28日	内務省の陵墓事務を宮内省に移す
11年 3月 1日	宮内省に御陵墓掛を置く
16年 1月19日	宮内省御陵墓掛を廃して御陵墓課を置く
19年 2月 4日	宮内省に諸陵寮を置く

典拠　『東京市史稿御墓地篇』(大正２年，昭和49年臨川書店より復刻)

弁官御中

……

九月十七日公布

今般神祇官中に諸陵寮置かせられ候事

（明治二年）己巳九月

これは、「職員打ち混り候ては清穢の別相立たず議論沸騰致すべきに付き」という理由で、神祇官内に陵墓事務をもっぱら担当する別局を設置することを上申したものである。一見してわかるように、先にみた明治元年閏四月の陵墓に「穢」はないとした「廟議」の結論とはまったく相容れない内容である。そして「清穢の別相立たず」と明確に陵墓を「穢」とする認識を述べていることは、きわめて特徴的である。

明治期の陵墓の管轄官庁はじつに目まぐるしく

推移するが（表1）、そのなかで諸陵寮の位置づけをめぐって明治初年にこのような議論が展開されたことは、大変興味深い。

足立正聲の「建言」

次に、明治十六年（一八八三）一月に足立正聲《まさかた》が著わした「諸陵寮復せられ度き儀に付き建言」（宮内庁書陵部所蔵）をみることにしたい。これは、明治十六年一月に御陵墓掛から御陵墓課に改められた宮内省内に置かれた陵墓の管轄部局を、さらに諸陵寮に格上げすることを訴えたものであるが、ここには、明治二年の諸陵寮の設置の際とはまったく正反対の観点から諸陵寮について述べられている。

祖を重んじ親を厚うし遠を追ひ祀を慎み給ふは、恐れながら我皇上御孝道の第一と存じ奉り候、中古王綱解紐《かいちゅう》の御世は何とも申し上げ難し、御一新に逮《およ》んで神祇官を建て諸陵寮を置き大に復古の御模様在せられ候処、追々御変革神祇官は廃して社寺局の半面と式部寮の一課に存し、諸陵寮は止んで纔《わずか》に侍講局中の一掛にその名を見るのみ、そもそも神祇官は当今政体上御建て置き成られ難き御場合これなくとも申し難く候へども、諸陵寮の如きは皇室のみの事に属し候へばこの寮名の存不存に於て敢て他に関係はこれあるまじきか

ここには「祖を重んじ親を厚うし遠を追ひ祀を慎み給ふは、恐れながら我皇上御孝道の

第一と存じ奉り候」という、皇室祭祀体系の整備を重視する立場から諸陵寮が置かれるべきことが述べられている。これは先にみた明治二年の「神祇官上申」が、「清穢の別」にこだわって諸陵寮の設置を主張したのとは著しい対照をなすものである。

この「諸陵寮復せられ度き儀に付き建言」はこの後で、すでに右にみた『職源抄』の諸陵寮を「禁忌の官たり」とすることについて次のように評する。

按ずるに本文に「禁忌の官たり」といへる甚《はなは》だこゝろ得ず、喪葬の事こそ人情の悪《にく》む所なれ、当寮平常の務め専ら陵霊を祭祀するにあり、陵霊を祭るに於て何の禁忌あらんや、これ全く五六百年以来神事斎戒を特に厳にせられしより起れる弊風なり

ここに示されている、諸陵寮の「平常の務め」は「専ら陵霊を祭祀する」ものであるとする考え方は、諸陵寮、もしくは陵墓そのものを「穢」とする考え方を徹底的に払拭するためには、きわめて有効な議論の組み立てであった。つまり陵墓を遺骸が埋葬される墓地としてではなく、「陵霊」を祭祀する聖地として位置づけたのである。墓地ではなく聖地であれば、陵墓を「穢」とする考え方とは完全に訣別することができる。このような陵墓を聖地とする考え方は、陵墓管理の理念の基本として今日にまで引き継がれているものである。

村落と陵墓

山林と用水溜池

山林の利用

前章「神武天皇陵の創出と『浄・穢』の廟議」でみたような、陵墓を聖地とする考え方からすれば、陵墓の域内への立ち入りが禁止されるのは当然である。それでは、そのような陵墓を聖地とする考え方が徹底される以前には、陵墓、ないしは古墳はどのような様子であったのであろうか。興味深い問題である。

古市古墳群と陵墓

ここではこのような問題について、今日宮内庁によって陵墓として管理されている巨大前方後円墳が集中する近畿地方の中でも、主として古市古墳群（大阪府藤井寺市・羽曳野市・松原市一帯）を取り上げることにしたい。

この古市古墳群には、古墳の墳丘上に村落が営まれていた例があり、注目される。河内

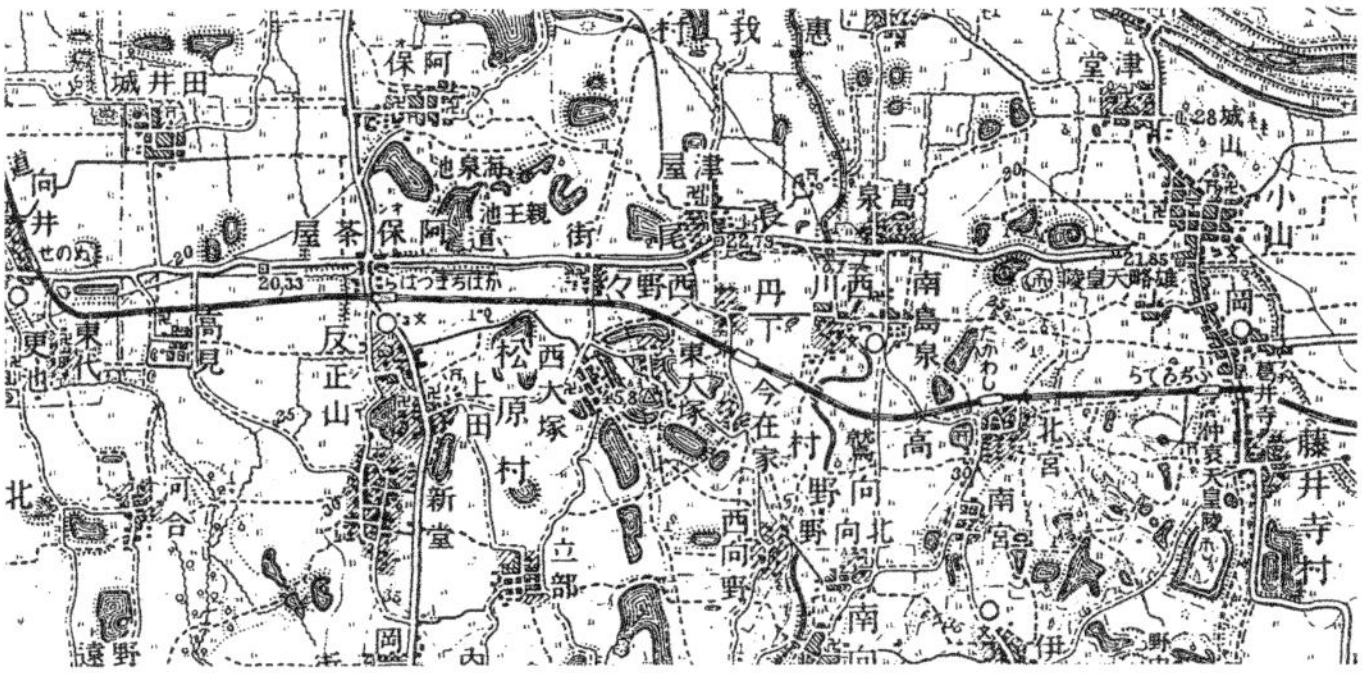

図11　河内大塚山古墳と東大塚村・西大塚村
（昭和４年．５万分の１地形図「大阪東南部」）

図12　河内大塚山古墳（昭和37年撮影）

大塚山古墳（大塚陵墓参考地、羽曳野市南恵我荘《えがのしょう》・松原市西大塚）の前方部には、東大塚村・西大塚村があったのである（図11・12）。この河内大塚山古墳は南北朝時代には丹下《たんげ》氏によって丹下城とされ、江戸時代には平城《へいぜい》天皇皇子阿保《あぼ》親王墓とされることもあった。そして、後円部墳頂《ふんちょう》には天神社が祭られていた。大正年間に入ると宮内省は陵墓参考地として同古墳を管理するために、天神社や墳丘内の民家を立ち退かせ、その後土地を接収して今日にいたっているのである。

このような墳丘上に村落が営まれていた例のほか、古市古墳群には村落と陵墓、ないしは古墳とのつながりを示す興味深い例が多くみられる。以下主に、墳丘を山林として用いる例と、周濠を灌漑用水の溜池として用いる例を手がかりに、村落と陵墓・古墳のつながりについて考えることにしたい。

山林として

まず、墳丘の山林としてのあり方についてみることにしたい。

古市古墳群には、今日宮内庁によって陵墓、また陵墓参考地とされている古墳が数多い。ここで右にみた河内大塚山古墳以外のものを順不同で挙げれば、軽里《かるさと》前之山古墳（日本武尊《やまとたけるのみこと》白鳥陵、羽曳野市軽里）・岡みさんざい古墳（仲哀《ちゅうあい》天皇陵、藤井寺市藤井寺）・誉田御廟山古墳《こんだごびょうやま》（応神《おうじん》天皇陵、羽曳野市誉田《こんだ》）・沢田仲津山古墳（仲津媛命《なかつひめのみこと》陵、藤

井寺市沢田）・国府《こう》市野山古墳（允恭《いんぎょう》天皇陵、藤井寺市国府《こう》）・島泉丸山古墳（雄略《ゆうりゃく》天皇陵、羽曳野市島泉）・西浦白髪《しらか》山古墳（清寧《せいねい》天皇陵、羽曳野市西浦）・野中ボケ山古墳（仁賢《にんけん》天皇陵、藤井寺市青山）・高屋築山古墳（安閑《あんかん》天皇陵、羽曳野市古市）・墓山《はかやま》古墳（応神天皇陵ほ号陪冢《ばいちょう》、羽曳野市白鳥）・津堂《つどう》城山古墳（藤井寺陵墓参考地、藤井寺市津堂《つどう》）である。

すでに「神武天皇陵の創出と『浄・穢』の廟議」の章で述べたように、文久の修陵の際に陵墓とされた古墳には、前方部の周濠を隔てて鳥居・石灯籠《いしどうろう》・木柵を配した拝所が設けられた。これ以降後円部はもちろんのこと、前方部、そして周濠・外堤《がいてい》も含めて、もっぱら祭祀の対象として位置づけられたのである。それは同時に、墳丘・周濠・外堤への立ち入りの禁止をも意味する。そして「文久の修陵」の章でもみた通り、文久の修陵以前は、陵墓とされた古墳であっても後円部の墳頂だけが陵墓の範囲とされたのであって、それ以外の場所は立ち入りが禁止されるどころか、年貢地として耕作されていたのである。もっとも、すべての古墳の墳丘が等しく年貢地となっていたわけでもない。ここではまず、文久の修陵にいたるまでの経過についていくつかの例を取り上げてみることにしたい。

高屋築山古墳（安閑天皇陵）は、中世には畠山氏によって高屋城の本丸となっていたが、天正三年（一五七五）には落城し、城跡は荒場《あれば》、つまり耕作されずに荒廃した地となってしまっていたのである。

ちなみに、このように古墳が城郭《じょうかく》となっていた例は決して少なくない。古市古墳群でもほかに津堂城山古墳（藤井寺陵墓参考地）や右にみた河内大塚山古墳（大塚陵墓参考地）もその例で、近年では岡みさんざい古墳（仲哀天皇陵）についても城郭とされていた痕跡のあることが指摘されている。また古市古墳群以外では、継体《けいたい》天皇陵との説が有力な国史跡の今城塚《いましろづか》古墳（大阪府高槻市郡家）の例がよく知られている。

軽里前之山古墳（日本武尊白鳥陵）は、享和二年（一八〇二）六月の「軽墓村明細帳」では「字前之山」とされ、反別二町四反九畝二〇歩であり、山年貢三一匁二分が持ち主六人から上納されていたことがわかる。このように、軽里前之山古墳は年貢地であったのである。

島泉丸山古墳（雄略天皇陵）については、先にもふれた西田『雄略天皇陵と近世史料』によってみることにしたい。島泉丸山古墳に接する島泉村と南島泉村の間には、元禄十六年（一七〇三）から宝永元年（一七〇四）にかけて墳丘の草刈りをめぐって争論が起こったが、この際南島泉村は同古墳を自村領と主張したのである。この後も草刈りをめぐる両村の争論は続いたが、宝永六年（一七〇九）には同古墳を取り囲む池の堤や掘り土を盛り上げた部分に薄《すすき》が植えられ、正徳三年（一七一三）からはその刈り取りが両村を含む周辺の村落の入札で行なわれ、後に島泉村と南島泉村の入札、最終的には島泉村の単独入札となった。このように島泉丸山古墳は、周辺の村落にとっては生産の場として価値あるものであった。

誉田御廟山《こんだごびょうやま》古墳（応神天皇陵）は、応神天皇などを祭る誉田八幡宮によって古くから応神天皇陵として管理されていた。朱印地であり社領二〇〇石のほかに除地《よけち》であった。

このほかの例にもふれるべきではあるが、文久の修陵以前の古墳のあり方が決して一様でなかったことは、右の例から充分みてとれたであろう。

立ち入りの禁止

さて文久の修陵ではこのようなさまざまな経過をたどってきた古墳に対して、一様に立ち入り禁止の措置がとられることになった。

すでにみた戸田忠至《ただゆき》一行による文久二年（一八六二）十一月から十二月にかけての陵墓巡検で、一行は十一月二十八日に沢田仲津山古墳（仲津媛命陵）を訪れているが、早くもその際に忠至は同古墳に接する沢田村に「向後右山（引用註―沢田仲津山古墳）樹木猥《みだり》に伐り取り相成り難く、なおこの上縄張《なわばり》いたし子供たるとも山内へ入る間敷旨申し渡され候」と、立ち入りの禁止を申し渡している。これは、墳丘への立ち入り禁止の申し渡しが周辺の村落になされたことを史料から確認できる最も早い例であるが、それと同時にこの立ち入り禁止の措置が、文久の修陵のきわめて早い時期に決まっていたことをも窺わせるものである。

つまり「文久の修陵」の章でみたように、文久二年十月に戸田忠至が拝所について述べるなかで、「御掃除或は見廻り等の通路付け、平常は正面より出入り仕らざる様」と、墳丘への立ち入りを禁止しているとおりである。

また島泉丸山古墳（雄略天皇陵）については、元治元年（一八六四）四月の「口上覚」が注目される。そこには「この度右御陵（引用註—島泉丸山古墳）御普請に相成り候に付ては、これ迄馬草と相成り候に付ては、以後猥に手入れも相成ざる様、御厳重の御固めに相成り候に付ては、最早《もは》や自儘《じまま》の取り扱いには相成り難く、左候上は一切村支配の廉《かど》相離し候事に付き」とある。つまり、雄略天皇陵としての普請が成ったので、それまで馬草として用いてきた墳丘の草を以降「自儘」に使ってはならない、というのである。ここに「御厳重の御固め」とあるのは、域内への立ち入り禁止を示すものである。

このように文久の修陵における墳丘への立ち入り禁止の措置は、それまで周辺の村落が日常的な生産の場として利用してきた墳丘を、村落から切り離そうとしたものと解することができる。それまで用いてきた生産の場を奪われることは、村落にとって大きな痛手であったはずである。村落が引き続いての墳丘の生産の場としての利用を目論んだとしても、それはまったく不思議ではない。

陵墓の掃除

そのような点で注目されるのは、陵墓の「掃除」である。陵墓の「掃除」は、「戸田忠至と文久の修陵」の章でもみたように、文久二年（一八六二）十月に戸田忠至が拝所について述べるなかで、「御掃除或は見廻り等の通路付け」（傍点引用者、以下同）としていることからも、きわめて早い段階から文久の修陵事業の一環に位置づけられていたことがわかる。陵墓とされた古墳の現地における管理人として、文久の修陵に際して文久二年十一月に長《ちょう》・守戸《しゅこ》が、その後の明治七年（一八七四）に陵《りょう》掌《しょう》・陵丁《りょうてい》・墓掌《ぼしょう》・墓丁《ぼてい》が置かれたが、それらの業務には「掃除」が含まれているのである。

慶応元年（一八六五）三月に雄略天皇陵に守戸が置かれた際の「覚」は、長・守戸の業務の内容について記したものであるが、そこには「御陵大切に守護致し、朝夕怠なく見廻り御掃除等入念に申すべき事」、また「草木等御掃除の外決して苅り取り申す間敷事」とある。また明治二年に太政官から奈良府に示達《じたつ》された指令も、長・守戸の業務の内容を記すもので、そこでは長については「国忌《こき》（引用註―命日）の節御灯明《とうみょう》」、守戸については「御掃除」とするのである。さらに明治七年八月の「太政官達」は、陵掌・墓掌の業務を「日々陵墓を巡護し、陵丁・墓丁の勤惰を検するを掌る」と、陵丁・墓丁の業務を「日々陵墓を掃除し、及び守衛するを掌る」とする。

こうして、陵墓として管理されるようになった古墳の域内は「大切」「入念」に扱われ、「巡護」「守衛」されるべきことになったが、それと同時にその「掃除」もまた、陵墓管理のうえで欠くべからざる業務とされたのである。

清寧天皇陵の掃除

しかし少なくとも明治初期においては、この「掃除」は実際には陵墓を「大切」「入念」に扱うためになされたとはいいがたい。ここではこの「掃除」の実態について考えることになるが、それは次にみる史料に典型的に表わされている。これは、明治九年（一八七六）十月のものである。

山陵御掃除方上申書

一、今般御陵御山内御掃除の義は、先般伺い奉り候処、御許可と承り奉り候に付ては、当十月御掃除の義、葛《くず》・茨《いばら》・葭《よし》の義残らず刈り取り、たとえ小木たりとも盛木仕る可くと見込み候分はその儘《まま》差し置き、枯木の類は残らず刈り払い、かつまた向後《こうご》盛木も仕り難しと見込み候分は刈り払い、なるだけ御山内盛木のみに相成るべく様、精々注意仕る可く候、なおまた差し入れ候人足の義は村方において実体《じってい》なる者撰出雇い入れ申すべく候、もっとも御掃除日数の義左に申し上げ奉り候

清寧《せいねい》天皇御陵　凡日数八日の間

右の通り日数にして粗《あらあら》御掃除出来申すべきと存じ奉り候、なおまた御入費等の義御別紙に書き上げ奉り候、決して御掃除の義あく迄も私共注意仕り、不都合の儀これなき様仕るべく候、この段御掃除方上申候、以上

陵掌
乾長三郎

堺県参事　吉田豊文殿

これは西浦白髪《しらか》山古墳（清寧天皇陵）墳丘の「掃除」を、清寧天皇陵陵掌乾《いぬい》長三郎が堺県参事吉田豊文に願ったものである。しかし右の史料をみてもわかるとおり、事実上の「掃除」の主体は同古墳に接する西浦村であり、陵掌乾長三郎は西浦村の人である。そしてこの「掃除」の決算は次のとおりである。

下刈り上げ届け控

清寧天皇御陵
刈り取り柴百六駄
枯木十二駄
〆百十八駄
この代金二十一円二十四銭　但し一駄に付き十八銭替へ
　内
金十六円八十七銭五厘人足百三十五人、一人に付十二銭五厘づつ
同一円　　　　　　縄十一束
〆拾七円八十七銭五厘
差引三円三十七銭過金
右の通り取り調べ仕候に付きこの段御伺い申し上げ奉り候、以上
明治十年
　第一月八日
陵掌
乾（長三郎）印
堺県令　税所篤殿

表2　明治9年10月の西浦白髪山古墳（清寧天皇陵）の「掃除」の決算

内訳	内容	計
収入	枯木12駄・柴106駄代金（1駄18銭）　21円24銭	21円24銭
支出	人足賃延べ135人（1人1日12銭5厘）　16円87銭5厘 縄11束　1円	17円87銭5厘
上納分		3円36銭5厘 史料では3円37銭

典拠　『羽曳野市史』

右の通り柴刈り上げの上書上げ候処、聞済に相成候に付き右
　過金同八日上納仕り候也

この決算から、明治九年十月の西浦白髪山古墳（清寧天皇陵）の「掃除」の実態は次のように考えられる。つまり、西浦村は墳丘の枯れ木一二駄と柴一〇六駄の代金を一駄当たり一八銭として計二一円二四銭を堺県に対して支払い、かつ人足賃延べ一三五人分を一人一日当たり一二銭五厘として一六円八七銭五厘と縄一一束を一円の計一七円八七銭五厘を堺県から受け取り、西浦村は差額の三円三七銭（計算上は三円三六銭五厘）を堺県に上納したのである（表2）。

この決算は、どのように考えればよいのであろうか。たしかに西浦村としては人足賃は支給され縄一一束分の金銭も受け取ったものの、西浦村が支払った枯れ木・柴の代金の方が高額であり、結局西浦村は堺県にその差額を上納しているのである。しかし別の史料によれば、今回の「掃除」のための器具として明治九年十

月に木鎌一〇丁分の代金の下げ渡しが願われており、そのほかにも多くの器具が備えつけられていることがわかる。そうしてみると、このような「掃除」を名目とした村落による古墳の墳丘の利用は、人足賃の支払いや器具の整備がなされるなど、村落の側にとって有利であったとみられるのである。

つまりこのような陵墓の「掃除」は、たんに陵墓の管理のためのものとみることはできない。この「掃除」は、それまで村落の生産の場であった墳丘が立ち入り禁止になってしまったことへの、村落による対応策なのである。

そして「掃除」の例は、いまみた明治九年の西浦白髪山古墳の例にとどまらない。ここで類似の例としてわずかに二つを挙げると、それぞれ表3「明治十一年八月の岡みさんざい古墳（仲哀天皇陵）の『掃除』の決算」・表4「明治十二年一月の岡みさんざい古墳（仲哀天皇陵）の『掃除』の決算」のとおりである。いずれも、右にみた明治九年十月の西浦白髪山古墳の場合と同様の視点から解することができるものである。

墳丘の植生の改変

それでは陵墓として管理された古墳の墳丘は、「掃除」を通じてその後も周辺の村落によって利用されてきたのであろうか。もちろん史料の残り具合ということもあるが、あまり長期間にわたって、こうした「掃除」が続け

表3　明治11年8月の岡みさんざい古墳(仲哀天皇陵)の「掃除」の決算

内　訳	内　　容			計
収　入	上柴(1束に付2銭5厘)	1,627束	40円67銭5厘	85円51銭7厘 7,172束
	中柴(1束に付1銭)	2,009束	20円 9銭	
	下柴(1束に付7厘)	3,536束	24円75銭2厘	
	陵内下ガキ		7円	92円51銭7厘
支　出	人足賃		68円43銭9厘6毛	80円94銭7厘6毛
	縄(84束6わ)		5円84銭5厘	
	船借用		2円	
	船借用駄賃(二箇所)		75銭	
	屋敷借用		50銭	
	故陵掌小泉誠一郎人足賃控		3円41銭3厘	
上納分				11円56銭9厘4毛

典拠　『大阪府庁文書御陵墓願伺届』(宮内庁書陵部所蔵)

表4　明治12年1月の岡みさんざい古墳(仲哀天皇陵)の「掃除」の決算

内　訳	内　　容		計
収　入	苅柴	31円33銭	36円58銭8厘
	枯木(54本)	5円25銭8厘	
支　出	松苗(150本)	4円50銭	20円14銭
	松苗植付人足	4円80銭	
	石灰酸・アルコール	2円	
	葛藤根掘取人足(20人)	3円20銭	
	船借用	1円25銭	
	船借用人足(往復4ヵ度)	1円50銭	
	板橋架・人足	2円39銭	
	三尺五寸杭(10本)	12銭	
	五尺五寸杭(5本)	10銭	
	縄(4束)	28銭	
上納分			16円44銭8厘

典拠　『大阪府庁文書御陵墓願伺届』(宮内庁書陵部所蔵)

られた形跡はない。それは、墳丘の植生がある時期に改変されたことと関係すると思われる。

さて今日では陵墓の墳丘にある樹木は、四季を通じて緑をたたえる常緑樹がほとんどである。冬には落葉し、春には若葉に覆われる落葉樹を目にすることはあまりない。このような墳丘の植生は、古墳が築造されたころからそうであったのではない。もともと築造当初には墳丘に樹木はなかったと考えられるから、ある程度の年数がたってから樹木などが生じたということになる。もちろん、古い時代の墳丘の植生が詳《つまび》らかなわけではない。しかし明治期になると、ある種の樹木などが伐採され、そして植樹されたことがわかる。その様子をまとめたのが表5「明治年間の墳丘の伐採・植樹」である。

まず伐採された樹木などとしては、苦竹《にがたけ》・櫟《くぬぎ》・竹・荆《いばら》・藤・蘿《つた》・根笹《ねざさ》が挙げられる。これらは細工などの材料、薪炭《しんたん》材などとして村落の生活にとって利用価値が高い。これに対して新たに植樹されたものとしては松・杉・檜《ひのき》・樫《かし》がある。これらにも村落にとって燃料等として利用価値が高いものもあるが、そのために植樹されたというよりは、陵墓としての整備が目的と考えられる。

また、桜や梅は明治期になってもしばらくは陵墓に植えられたままであったが、『大阪

表5 明治年間の墳丘の伐採・植樹

古墳名	伐採・植樹の様子 ( )内は典拠
軽里前之山古墳 (日本武尊白鳥陵)	苦竹・檞が多かったのを明治16年に松3本・杉・桜・樫の4種を残して他は伐採(「御陵沿革取調書」) 櫟・竹林を松林にかえる(「陵墓誌」)
岡みさんざい古墳 (仲哀天皇陵)	櫟・2本の樟樹からなっていたのを明治初年に樟樹を残して開拓し，松・杉を植樹(「陵墓誌」) 明治11年11月に松苗150本を植付(「大阪府庁文書御陵墓願伺届」)
誉田御廟山古墳 (応神天皇陵)	檞が多かったのを明治20年頃に悉く伐採．また荆棘・藤・蘿・根笹等が繁茂していたのを同時に掃除(「御陵沿革取調書」)
沢田仲津山古墳 (仲姫命陵)	雑木が多かったのを明治8年頃に悉く伐採．明治15年に檜・杉の苗木数千本を補植．明治32年に樹木を悉く伐採(「御陵沿革取調書」)
国府市野山古墳 (允恭天皇陵)	檞が多かったのを明治18,9年頃に悉く伐採し檜の苗数千本を植樹(「御陵沿革取調書」)
島泉丸山古墳 (雄略天皇陵)	明治11年1月に陵掌小泉誠一郎が樫の木200本を寄付(「大阪府庁文書御陵墓願伺届」) 明治11年12月に陵丁吉村彦二郎が杉苗100本を寄付(「大阪府庁文書御陵墓願伺届」)

朝日新聞』明治三十二年七月八日付には「従来御陵墓には梅桜等の花樹を植付けられしも、開花の候遊客群集して冒瀆《ぼうとく》せん恐れもあればとて、花樹は総てこれを取り払ひ常磐木《ときわぎ》を植付けらるべしと聞く」とあり、このころ以降伐採されたものと思われる。そして古市古墳群の例ではないが、柳本行灯《あんど》山古墳（崇神天皇陵、奈良県天理市柳本町）の外堤には文久の修陵の際に約二〇〇本の桜が植えられ、柳本御陵の桜見として著名であった。これは松を植えると成長の後田畑に障りがあることを懸念してのことであったというが、これも後年伐採され、松に植えかえられたのである。

溜池としての役割

村落と溜池

次に、周濠の溜池としての利用について述べることにしたい。陵墓として管理されている古墳の周濠は、今日でもなお周辺の耕作地を潤す溜池として利用されている。このような利用はいつごろから始まったのであろうか。

陵墓の周濠に水が湛《たた》えられるようになったのも、じつは多くの場合文久の修陵以降のことなのである。たしかに周濠そのものは古墳の築造期から存在したものかもしれないが、考えてもみれば、周濠に水が湛えられるということは、常に墳丘が浸食され続けるということでもある。今日周濠に水が湛えられているからといって、一〇〇〇年以上も周濠に水が湛え続けられ、しかも墳丘もたいして浸食もされないでいると考えるのは、まったく理屈に合っていないのである。それに周濠の水源は、ほかの溜池などからの引水の場合もあるが、多くは雨水を溜めるのみである。もともとさして深くもない周濠を泥地にもせず雨水を蓄え続けさせるには、それなりの工夫・普請が不可欠である。そして農業用水の供給源としての溜池を必要としていた村落にとっては、文久の修陵は溜池の確保を実現するための、絶好の機会であった。

この点についてしばしば引き合いに出されるのは、先にもふれた柳本行灯《あんど》山古墳（崇神天皇陵）である。柳本行灯山古墳の周濠は、今日では見上げるほど高い外堤に囲まれて豊かに水を湛えているが、それは決して築造期のままの姿ではない。文久の修陵に際してなされた大規模な普請の結果なのである。しかもこの普請に同古墳に接する柳本村は、全村を挙げて取り組んだのであった。さて柳本村は、柳本行灯山古墳の周濠にどのような期待をもったのであろうか。それは、とりもなおさず農業用水の確保である。同古墳近くの専《せん》行院《ぎょう》（奈良県天理市柳本町）には明治二十九年（一八九六）二月に建てられた「修陵餘潤《よじゅん》之碑」（図13）があるが、これは周濠の普請完成を記念したものである。

次いで古市古墳群の例にもどって、城池とよばれた高屋築山古墳（安閑天皇陵）の周濠についてみることにしたい。同古墳を用いて築造された高屋城が天正三年（一五七五）に

図13　修陵餘潤之碑
（天理市専行院）

図14　高屋城池碑（羽曳野市古市）

落城したことは先にも述べたが、その後、城池には水は蓄えられず空堀であった。
ところが文政十年（一八二七）九月の「高屋城池碑」（大阪府羽曳野市古市、図14）には、城池は早くから干あがっていたがその後溜池としての普請が完成したことが記されている。つまり、この碑の成った文政十年九月までには同古墳の周濠は溜池としての姿を整えていた、ということである。『羽曳野市史』はこの「高屋城池碑」を紹介するとともに、この普請に人足延べ一八九四人半と入用銀二貫三三八匁が投ぜられたことを述べている。それだけの労力と費用を投じてもなお、城池は空堀であるよりは水を蓄える溜池であるだけの価値があったのである。

しかしこの城池もいつしか水が枯れ、文久の修陵を迎えてふたたび溜池として城池は普請されることになる。図15「安閑天皇陵（高屋築山古墳）敷地買い上げ絵図」は文久の修陵直前の高屋築山古墳の姿である。周濠が田畑となっていた様子を窺うことができる。そして図16「安閑天皇陵（高屋築山古墳）修補絵図」は、文久の修陵に際して安閑天皇陵としての普請が成った高屋築山古墳の様子である。田畑を廃して周濠が設けられたことがよくわかる。

ちなみに、ここにみた柳本行灯山古墳（崇神天皇陵）と高屋築山古墳（安閑天皇陵）の例

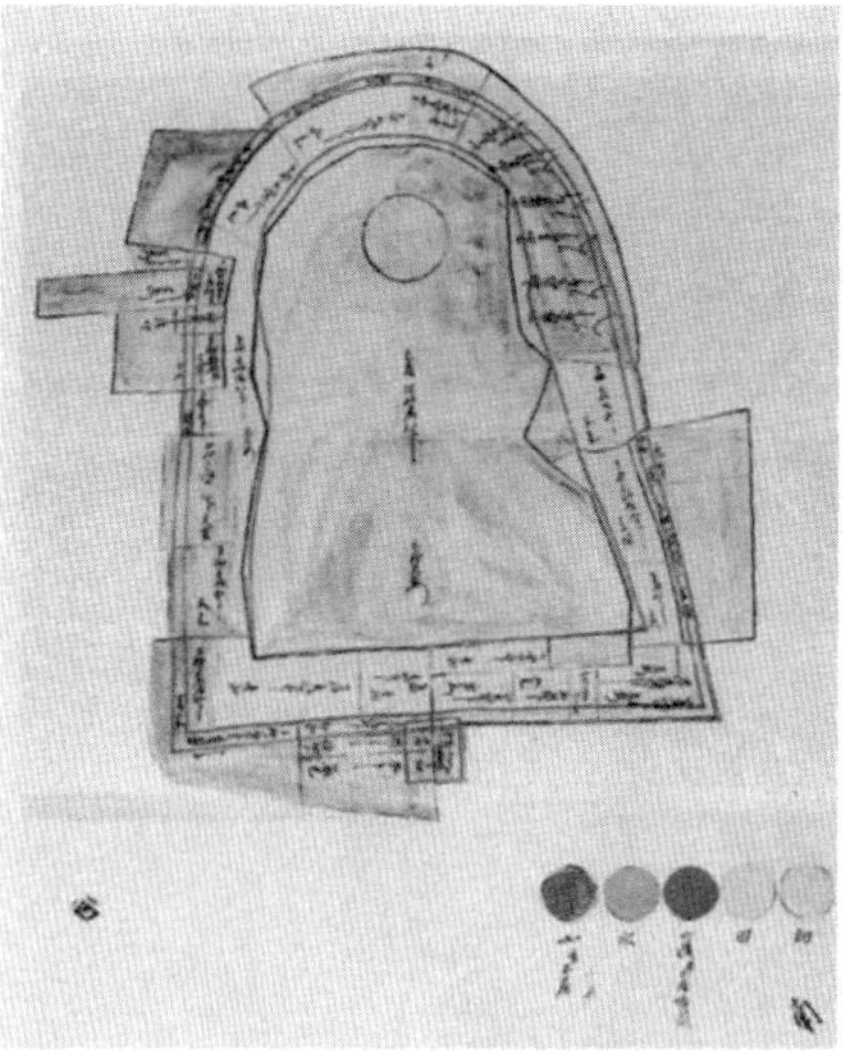

図15　安閑天皇陵(高屋築山古墳)敷地買い上げ絵図
(『羽曳野市史』)

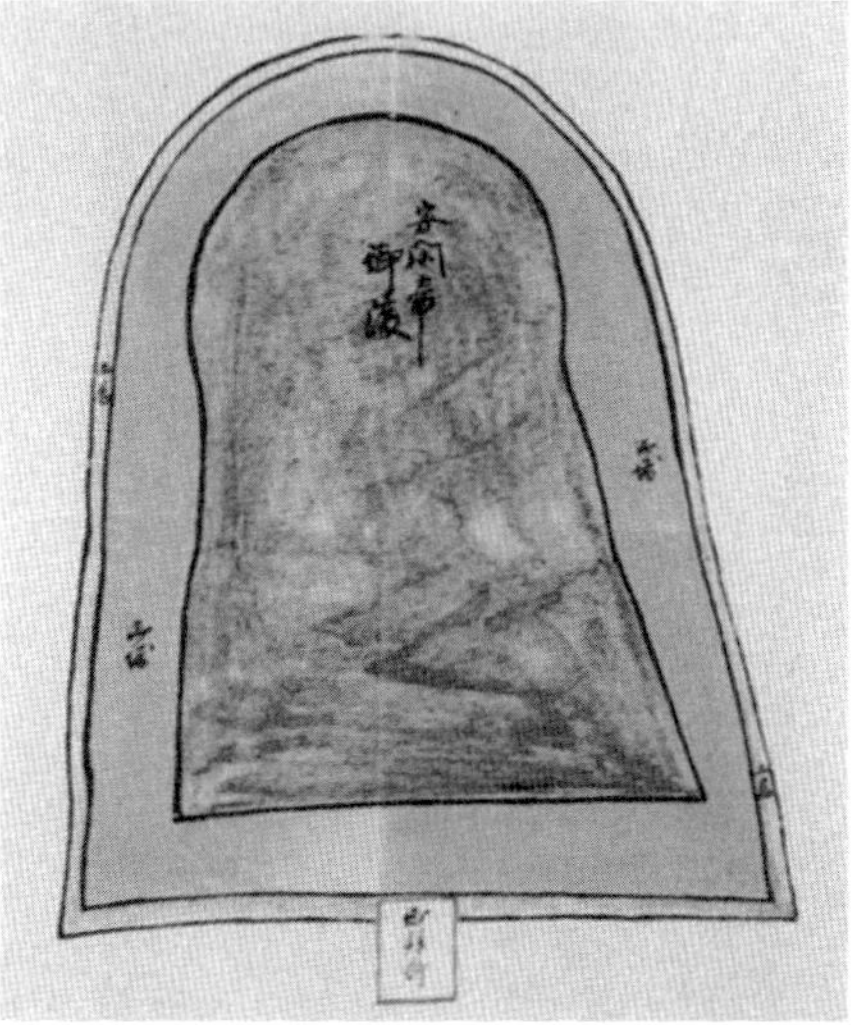

図16　安閑天皇陵(高屋築山古墳)修補絵図
(『羽曳野市史』)

は、地元に周濠の普請の完成を記念する石碑が造立されている点で共通する。村落にとって周濠の役割がきわめて大きかったことが、このようなことにもあらわれている。

このように、文久の修陵に際して村落は、周濠が整備されて溜池となることを期待したのである。そして戸田忠至も文久の修陵のきわめて早い段階に、周濠からの引水を許可していた。たとえば誉田御廟山古墳（応神天皇陵）の周濠（葭《よし》池）から同古墳に接する古室村・沢田村・林村への引水は、同古墳の普請に取りかかった直後の元治元年（一八六四）八月に、忠至によって許可されているのである。

明治期の引水

さて明治期になると、このような周濠からの引水も無条件では行なうことができなくなった。引水のたびごとに、文書によって管轄官庁の許可を得なければならなくなったのである。

ここで、そのような文書の例についてみることにしたい。古室村・沢田村・林村が明治十六年から翌十七年に応神天皇陵（誉田御廟山古墳）周濠からの引水の許可を求めた文書には、陵墓の周濠からの引水が必要な理由について、「然《しか》るに目今田畑毛付《けつけ》（引用註―稲・麦の植えつけ）の際干魃《かんばつ》に付き」、あるいは「すでに本年の如き時雨《じう》の希少なる」などと述べられている。このように陵墓の周濠から引水に関する文書には、降水量が少なく農耕にとっての緊急事態であることを強調する文言が盛り込まれるという特徴がある。

それでは陵墓の周濠からの引水は、ここにみえるとおり、「干魃」「時雨の希少」などの場合に限って許可されたのであろうか。これらの文言は当時の気象条件の反映であると同時に、文書作成上の文言の慣例でもあったとみてよいであろう。つまり陵墓の周濠からの引水は、文書の形式を整えたうえで、村落の必要に応じてなされていたのである。

そうしてみると古墳の墳丘も周濠も、ともに陵墓として管理されるようになってからも、官庁に対する手続きをふんで、引き続き村落によって利用されていたということになる。ただし、墳丘はある時期から利用されなくなったと考えられるのに対して、周濠は文久の修陵の当初から今日まで、農業用水を供給する溜池として継続して利用されているという点で、異なるものである。

管理人の人選

ここで、陵墓として管理されるようになった古墳を村落とのつながりという視点から捉えなおすと、墳丘の利用にしても周濠からの引水にしても、現地における陵墓の管理人である長・守戸、あるいは陵掌・陵丁・墓掌・墓丁が重要な役割を帯びたものとして映ってくる。つまり、村落が陵墓とされた古墳を生産の場として利用しようとする場合には、陵墓の管理人の人選は大きな関心事とならざるをえなかったのである。とすると、日常的に古墳とのつながりが深い村落から陵墓の管理人が選ばれればよいが、必ずしもそういう場合ばかりとはかぎらない。以下このような点について、安閑天皇陵（高屋築山古墳）と日本武尊白鳥陵（軽里前之山古墳）の例をみることにしたい。

安閑天皇陵には元治元年（一八六四）までに、長として碓井村の百姓松倉庄兵衛が、守戸として古市村の庄屋三郎左衛門ほか四名が任じられた。しかし同年十二月にこの長・守戸の人選に対して、守戸に任じられた三郎左衛門から異議が述べられた。すなわち三郎左衛門は、安閑天皇陵の敷地の九割方が自らの所有であったこと、これまでの安閑天皇陵を管理してきた実績があること、また長に任じられた庄兵衛は他村の、しかも問屋渡世の者であり、自分はそのような者の下役となりたくないことを、「御陵御奉行様、御役人衆中様」に訴えているのである（図17）。結局三郎左衛門が長となることはなかったものの、翌慶応元年（一八六五）には長が庄兵衛から同じ碓井村の米田新五衛門に交替されている。

また、日本武尊白鳥陵（軽里前之山古墳）の陵掌は、明治十四年（一八八一）十月に西浦村の乾長三郎が清寧天皇陵（西浦白髪山古墳）陵掌と兼務したが、白鳥陵に接する軽墓村に住み軽里前之山古墳の持ち主であった浅野源作は、軽墓村から陵掌が選ばれなかったことについて同年の「御願書」で、「御湟《ほり》を以て用水を願い上げ度きに付ては、御陵掌他村

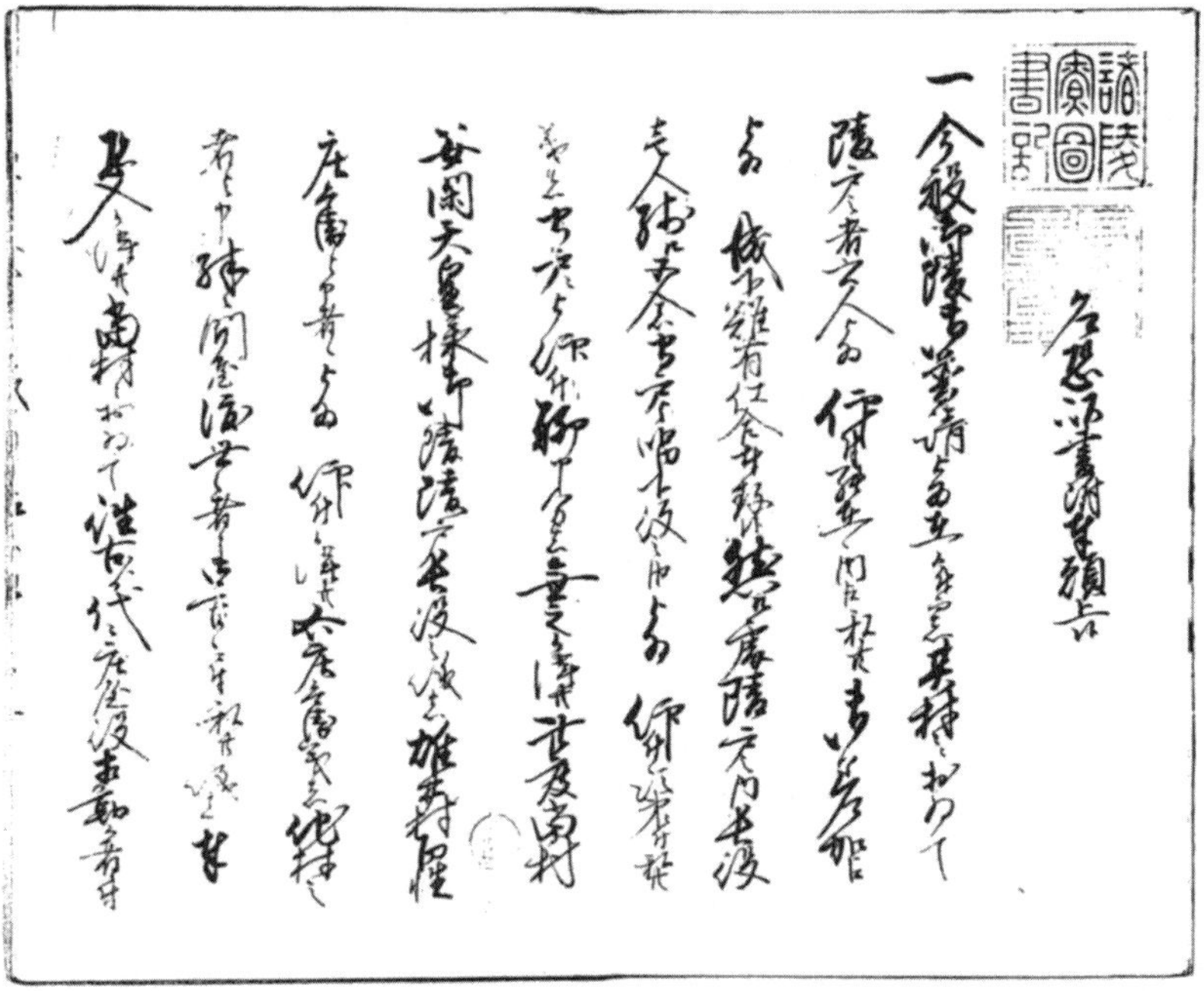

図17 「河内国古市郡古市村庄屋より御陵戸の儀に付願書」
（元治元年12月，宮内庁書陵部所蔵）

（引用註―西浦村）より兼務の御達当村（引用註―軽墓村）甚だ以て不幸の儀に付き、責《せめ》て七年建言の次第を思し召され、当村六十二戸の内誰へなりとも御陵掌の御辞令下され候はば、私七年以来の宿懐《しゅくかい》これを以て放念仕べく候」と、他村からの陵掌の任命が周濠からの引水のためには大変不利であると、率直に不満を述べている。

それはすでに明治七年（一八七四）四月の段階で源作が著していた「建言」、つまり右の明治十四年の「御願書」にいう「七年建言」でも、同じ趣旨の記述がある。「字前之池（引用註―軽里前之山古墳周濠）は則ち御陵湟《りょうこう》と相成り申す可く、その節は他の山陵御湟を用水の御聞済相成候例を以て、当地の儀も同様御免許成し下され度く」というのである。白鳥陵に接する軽墓村から陵掌を任ずるべきであるとする主張の真意が、ここにもよくあらわれている。

このように、現地における陵墓の管理人である長・守戸、あるいは陵掌・陵丁・墓掌・墓丁は、古墳とつながりの深い村落の庄屋クラスから選ばれるべきものという考え方があった。これは、それまで長く続いてきた村落と古墳とのつながりを維持するための方策として、このような人選が村落にとっては最も有利であったということの反映であろう。

陵墓と祟り

掘ってはならない塚・山・陵

崇りの研究

墓地と崇り

宮内庁によって陵墓として管理されていてもいなくても、古墳は誰かの墓として造られたものである。それらを発掘するということはどういうことなのであろうか。ここでは、今日いうところの古墳や、また江戸時代に塚とか山とかいわれていた塚なども含めてみることにしたいが、陵墓にせよ、古墳にせよ、そして塚なり山なりにせよ、墓地と認識されているものを掘ることは、しばしば崇《たた》りと結びつけて考えられた。ここでは以下、この崇りをキーワードとして検討することにしたい。

柳田国男の研究

ここで崇りをめぐる史料をみる前に、陵墓・古墳、あるいは塚・山の崇りに直接・間接にかかわる特徴的な研究について考えることにしたい。

民俗学者柳田《やなぎた》国男《くにお》（一八七五〜一九六二）は、この問題について、「民俗学上に於ける塚の位置」（大正七年〈一九一八〉）を著わして独自の見解を示している。

そこで柳田は、被葬者・年代の特定や、遺体・遺物の発見ばかりに重点を置く考古学者による古墳研究のあり方に疑問を呈して、次のように述べている。

> 大和、河内あたりを旅行すればよく見られる。旅行しなくとも、二万分の一の地図を見ればよく解る。あの辺には、古墳の上に住んで居る村がある。河内国北河内郡田村付近には二つも其《その》例がある。村民は、古墳の中に住み、其周囲の濠を灌漑用水に利用して居る。南北朝以後になると、古墳に城を築き、其石材を防禦工事に用いたりして居る。天子の陵を城にした例もある。今日の思想から言へば、由々しい大事であるが、畿内の中央平野では、帝王の陵でさへも、田夫野人《でんぶやじん》が、罪と知らずして之《これ》を犯して居る。之をみて感じた事であるが、古墳を重要なものと視て、之に注意を払ふ考古学者の一派に、古墳が築かれてから今日に至る迄の、民俗学上の変化を無視した研究の仕方をして居るものがありはしないかと思ふ。

此種の研究の仕方は、民俗学上の研究者から見ても、一つの学問上の障害である。

考古学の発達にも有害である。

柳田はここで、古墳の上に村落が営まれた例、古墳の周濠が灌漑用水の供給源とされた例、古墳が城郭として用いられた例について述べているが、これらはいずれもすでに「村落と陵墓」の章でふれたところである。しかし古墳を学問の対象とするためには、古墳が築造されてから今日までの種々の変化にこそ眼が向けられなければならないという柳田の主張は、古墳研究の方法として現在なお新鮮なものである。

それでは柳田のいう古墳の「民俗学上の変化」とは、どのように考えればよいのであろうか。この問題を本書の視点から解すると、村落と古墳のつながりのさまざまな形態のすべて、としてよいであろう。「村落と陵墓」の章でみた古墳の上に村落が営まれた例や、村落による墳丘・周濠の利用もここに含まれるのである。そこで本章ではこの「民俗学上の変化」に、さらに祟りという視点を付け加えようとするものである。

清野謙次の研究

次に、考古学・人類学者清野《きよの》謙次《けんじ》（一八八五〜一九五五）の研究をみることにしたい。清野の視点は、本書の視点と直接関連が深いものである。清野はその著『日本考古学・人類学史下巻』（昭和三十年、岩波書店）の「第八篇古墳と迷信」で、古墳の祟りをめぐるさまざまな文献を紹介している。そこでここでは、清野が『日本考古学・人類学史』で引いた史料のあらましを紹介して、祟りをめぐる問題の大枠の見通しを立てることにしたい。

まず年代の古いところでは、源師時《もろとき》の日記『長秋記《ちょうしゅうき》』長承二年（一一三三）九月五日条である。そこでは源大納言能俊《よしとし》の話として、藤原忠宗《ただむね》が天智《てんじ》天皇陵に無礼をして死んだこと、小野の斉尊僧都《さいそんそうず》が醍醐《だいご》山陵の傍らに住んで祟りをうけて死んだこと、仁和寺の覚《かく》行《ぎょう》親王が小松山陵を掘って祟りがあって死んだこと、が記されている。そしてそれをまとめて「かくの如く山陵の辺において無礼を致さしめ自今以後懲止《ちょうじ》（引用註―とどめること）すべき事なり」と結ぶ。

降って『新編武蔵風土記稿』（文政十一年〈一八二八〉）比企《ひき》郡増尾村条は、寛文年間（一六六一～七三）に宗尊《むねたか》親王廟、あるいは守邦《もりくに》親王廟と伝える塚を陸田《りくでん》、つまり雑穀を植える畑としようとして村人が崩したが、石室があらわれて工事を中止した、と述べる。

寒川辰清『近江国輿地誌略』（享保十九年〈一七三四〉）蒲生《がもう》郡千僧供《せんそうぐ》村条は、やはり寛文年間に領主福富平左衛門が村に伝わる惟喬《これたか》親王墓を暴いたところ、福富家が断絶した話を載せる。同条は「昔寇讐《こうしゅう》（引用註―かたき）の墓を発て屍《しかばね》に恥をあたへしさへ、君子論あつてよきこととはせず、況《いわ》んや何故もなく高貴の墓を発く、その積悪のがる処なく、福富が家断絶せる事理《ことわり》なるかな」と結ぶ。

川口好和『奇遊談』（寛政十一年〈一七九九〉）は、京都清水寺本堂の下慶春《けいしゅん》庵の前音羽《おとわ》山の麓を均《なら》そうとして大きな石に掘り当たり黄金か釜でもあるかとなお掘ると、ひとむらの霊気が四方にたなびき多くの僧俗が一度に倒れ、近くの寺の老僧が鬼のような手につかまれて長く病に伏しようやくその手も離れた、という話を載せる。末尾には「なべて古塚を掘崩しなどすれば、かかることはあることにて、おそれて掘うがつべからぬことなり」とある。

『以文会筆記抄』（文化八年〈一八一一〉）京都愛宕寺条は、『奇遊談』という書には清水滝の下の古墳は上代の御陵であるためかこれを掘って一人が即死二人が大熱病になったという話を載せる、とする。

渡辺村男『邪馬台国探見記』（大正四年〈一九一五〉）には、享保二十年（一七三五）の筑後国山門郡藤尾村の車塚についての次のような伝承が紹介されている。

この車塚には鳶《とんび》や烏もとまらず、子どもも上に登らなかったが、同年九月に持ち主が芋掘りの際に八寸の丸鏡が一つ出てきたので家に持ち帰り神棚に置いた。ところがその夜光物が家内を照らし恐ろしくて言葉もなかった。そこで日の出前に松延岡出羽守殿に伺った所鬮占《くじうら》で、四五日も家に置けば家中皆死んでしまうので早く元の所に埋め戻すようにということで、その通りにした。このことは家内のほかには知らなかったが、その後鏡を掘り出したという噂もあったものの、元文三年（一七三八）には車塚一帯は無年貢地となり松が植えられた。毎年九月十五日には出羽殿に頼み御酒散米を供え御祈念秋祭を行なっている。明和四年（一七六七）に車塚をならして産神《うぶがみ》の御社を造営するというので鏡を埋めた場所を聞かれたが、命にもかかわることなので何も言わなかったがさっそく出て来たので、御上にみせたうえ石の櫃《ひつ》に入れてからまた埋め戻した、という。

清野はこのように古墳・塚と崇りに関するいくつかの史料を挙げながらも、とくにこれといった分析を加えることはしていない。しかし右にみた史料から、崇りを媒介とした人々と古墳・塚とのつながりの一断面がみてとれることは明らかである。古墳や塚をたんに観察・発掘といった考古学的研究の対象としてのみではなく、古墳や塚が築造されてからたどってきた歴史をも含めて考えようとする時、清野が挙げた右の史料は多くのヒントを与えてくれるものばかりである。

『文化山陵図』

以下にみる『文化山陵図』は、文化三年（一八〇六）から同五年（一八〇八）にかけて京都町奉行森川俊尹《としただ》が主宰して行なった陵墓の調査・修補の際に成されたもので、図そのものは山本法橋探淵《ほっきょうたんえん》の手になる。

『文化山陵図』の写本は、遠藤鎮雄訳『史料天皇陵――山陵志・前王廟陵記・山陵図絵――』（昭和四十九年、新人物往来社）や、末永雅雄編著『皇陵古図集成　第八巻　廟陵記』（昭和五十七年、青潮社）に収められたものなどがこれまでにも知られていたが、筆者はこれまで紹介されていなかった山田邦和氏（花園大学文学部）の所蔵本を閲覧する機会を得た。以下の『文化山陵図』の引用・写真はこの山田氏所蔵本に拠るものである。

とかく山陵図というと、そこに描かれた古墳の形態にもっぱら注意が向かってしまいかねないが、そこに記された文章を仔細にみると、祟りについて述べられた部分がいくつかある。まず神功帝《じんぐう》（神功皇后）陵条からみることにしたい。次のとおりである。

神功帝
大和国添下郡超昇寺村七ヶ村立会山の頂に、およそ五十間廻り程の間に平地先年垣仰せ付けられ候、□□山陵村より毎年正月十日に四十八間廻りしめ縄二筋宛て引候内に御石棺と相見え候練折《ねりおり》候大石一つ平石三つこれあり、平の地形の内に白き海石の小石多くこれあり、所の氏神に祭り山の上り道半覆に石灯籠これあり、右小き石を取候はば祟り候間、惣山林山にて雑木生茂りこれあり候へども伐り採り申さず候由、惣山形

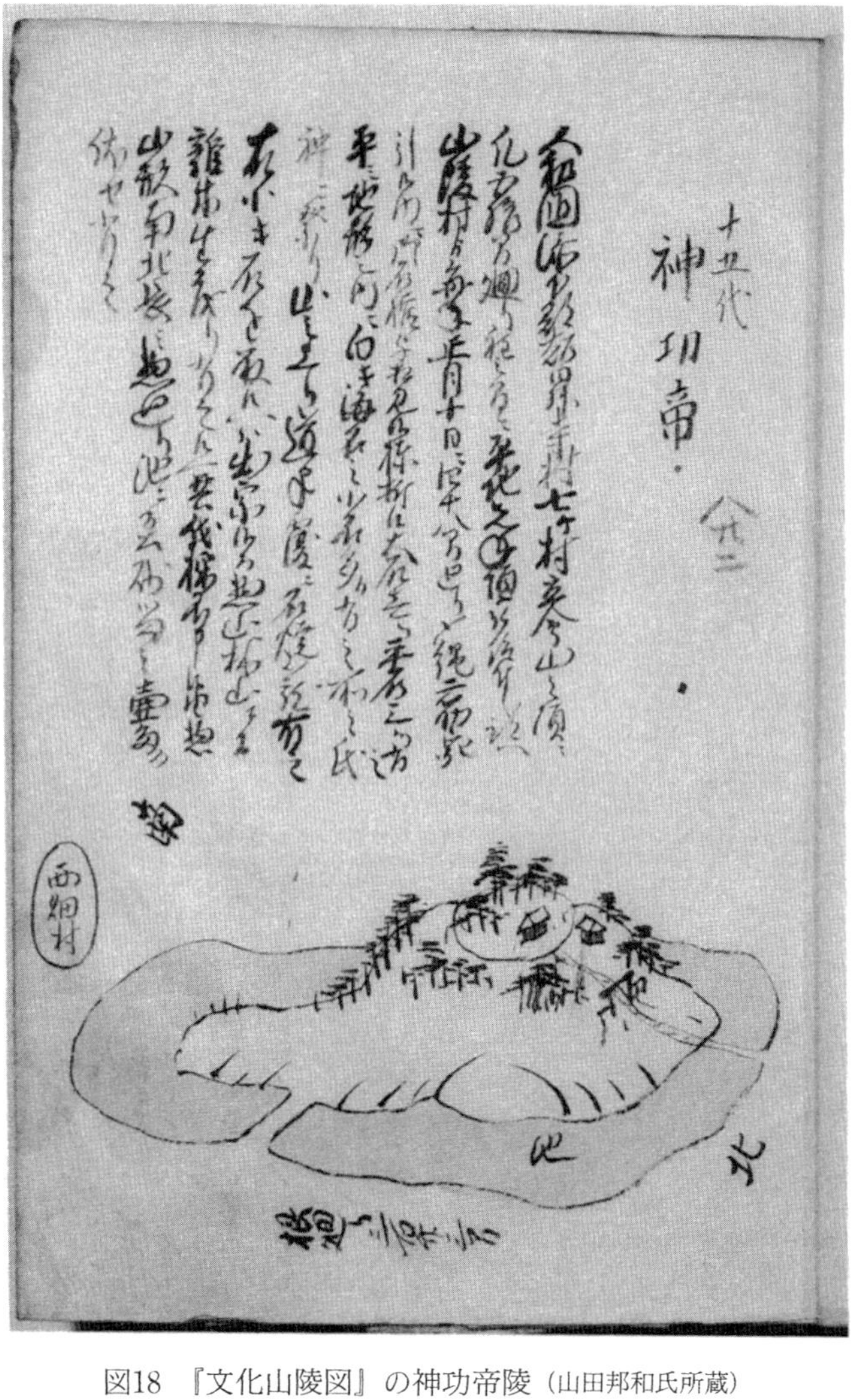

図18　『文化山陵図』の神功帝陵（山田邦和氏所蔵）

南北長也、惣廻り池にて土砂留之壺多く伏せこれあり（図18）

ここにいう神功皇后陵は、今日宮内庁によって日葉酢媛命《ひばすひめ》陵として管理されている佐紀《さき》陵山古墳（奈良県奈良市山陵町）である。図18によっても、佐紀陵山古墳の墳頂に社が祭られ後円部を登る参道の半ばには鳥居がある様子がわかるが、墳丘に多くある「白き海石の小石」を取ると祟りがあるというのは、興味深い記述である。また、右の引用から正月十日が祭日とされ、石棺《せっかん》と覚しき埋葬施設の一部にしめ縄が張られ、参道には石灯籠があったことがわかる。つまり『文化山陵図』にみえる佐紀陵山古墳には、神功皇后陵としての面と、地元の氏神が祭られ墳丘が神域とされるという面の両方があったといえるのである。

このほか、元正帝陵条（コナベ古墳、小奈辺《こなべ》陵墓参考地、奈良市法華寺《ほっけじ》町、文久の修陵以降、元正天皇陵は奈良市奈良阪町に決定）にも、祟りについて興味深い記事がみえる。

元正帝
大和国添上郡法花寺《ほっけじ》村の内法花寺殿持山小那辺《こなべ》山の頂に陵地の由にて平地に柴木生へこれあり、この所先年竹垣仰せ付けられ候由、惣山南北へ長ミこれあり、上段の上平地の東寄の端の方に長さ八尺五寸幅四尺余これあり候切石にて練成の石あり、御石棺

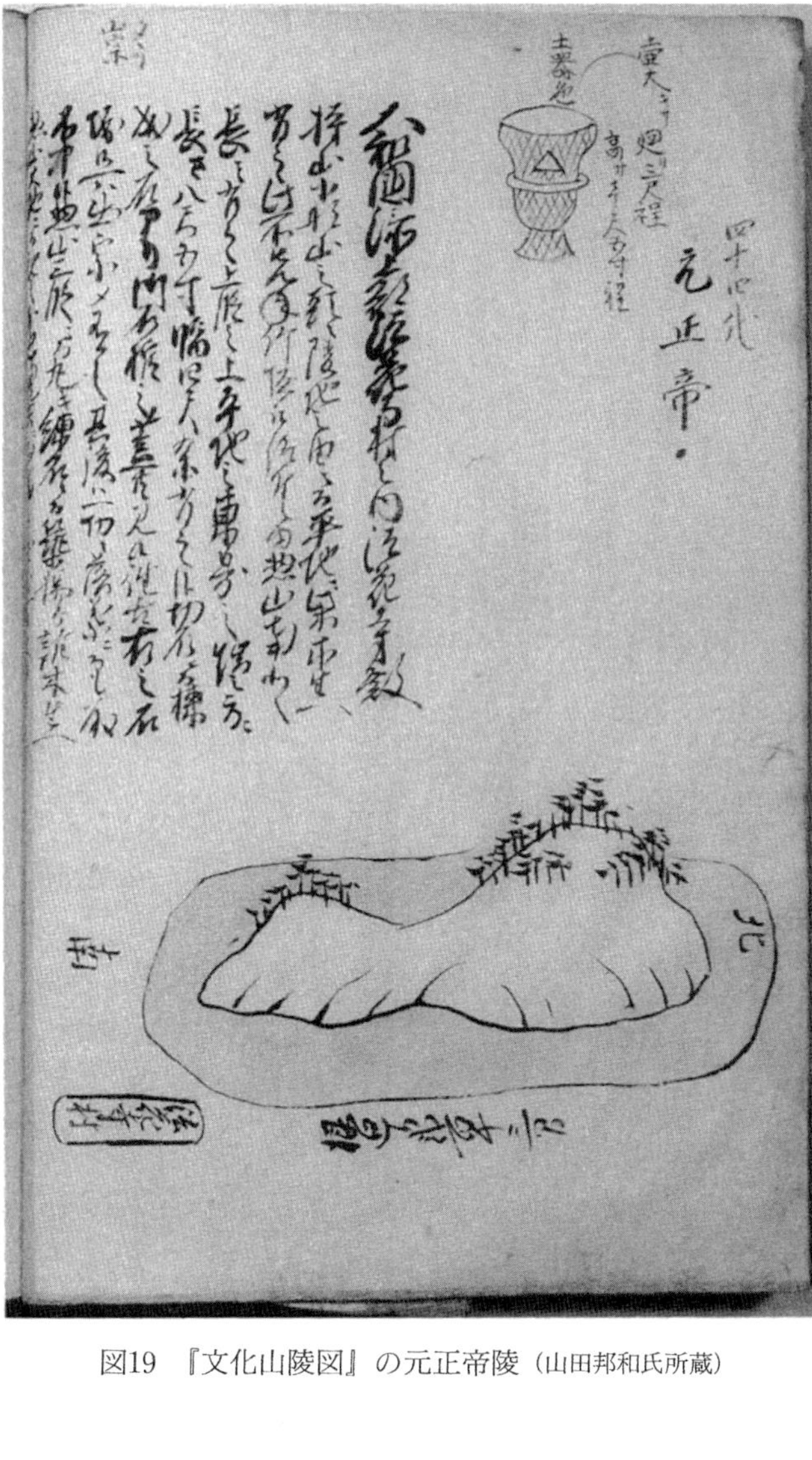

図19　『文化山陵図』の元正帝陵（山田邦和氏所蔵）

の蓋《ふた》とも見え候、往古右の石掘候へば祟りこれあり、その後は一切落葉にても取り申さず候、惣山三段にて丸き練石にて築揚げ雑木生へ惣山大池にて池外廻り堤共に砂多壺《つぼ》伏これあり候（図19）

図19を見ても明らかなとおり、コナベ古墳には右にみた佐紀陵山古墳とは違って墳丘上に神社などの建造物はみえない。しかしそこには石棺の蓋と考えられる石があって、それを掘れば祟りがあって、それ以後、落ち葉すら一切取らない、というのである。

さらに光仁《こうにん》帝陵（奈良市日笠町）条では、祟りの具体的な表れがじつに克明に記されている。

光仁帝

大和国添上郡東田原村の内日笠下村田地の中御塚芝山にて山の頂に雑木生へ、往古より字王の塚と唱へ年貢用捨《ようしゃ》の地の由、塚の半覆先年竹垣仰せ付けられ候由先年百姓三五郎と申もの支配仕り罷り在り候処、右陵存ぜず候て不浄《ふじょう》致し候哉、俄《にわか》に病気付無音にて罷《まか》り在り候処、相果て候砌《みぎり》王の塚罷り越すべしと返し申し病死仕り候、その伜《せがれ》も同支配仕り罷り在り候処、これも父三五郎と同病にて死亡の由、所之者ども□に申し伝候由これを申し候（図20）

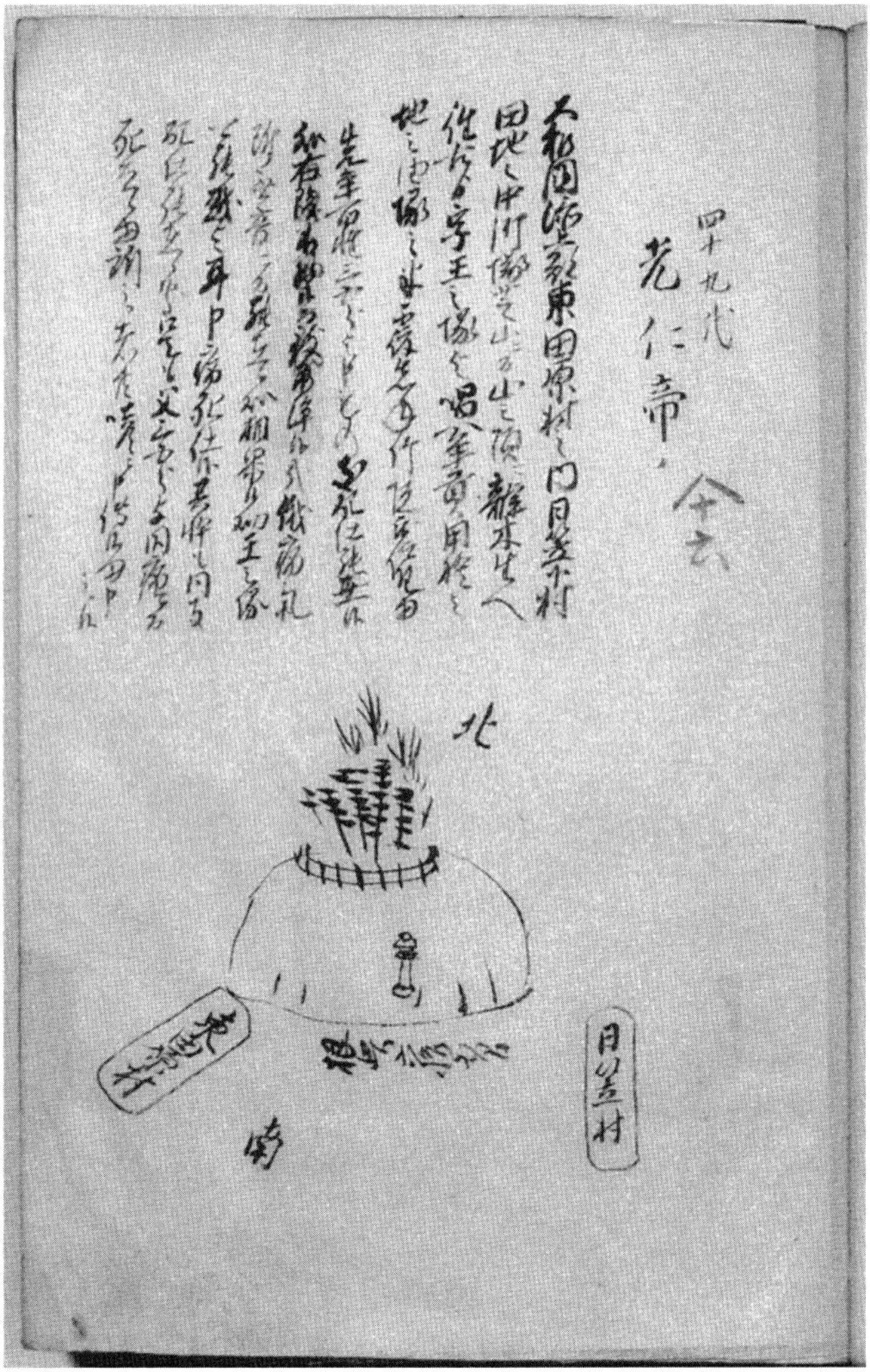

図20 『文化山陵図』の光仁帝陵（山田邦和氏所蔵）

祟りといってもこの光仁帝陵の場合は、きわめて直接的である。三五郎が陵内に「不浄」、つまり排泄物を処理したところ病死してしまいその息子も同じ目にあった、というのである。何とも信じがたい話ではあるが、これこそ祟りの真骨頂であろう。

『文化山陵図』は決して好事家の筆の慰みではない。先にも述べたように、京都町奉行が主宰する公的な陵墓の調査・修補事業の一環として成ったものである。そこにこのような祟りの記事が記されているのである。つまり当時、陵墓は決して周辺の社会から隔絶された聖地などではなく、陵墓とされてはいながらも、なお、地域のなかにあって一定の役割を果たしていたのである。『文化山陵図』の右のような祟りの記述は、このような当時における陵墓のあり方をよくあらわすものといえよう。

盗掘と聖地

大黒塚と石工

畿内のみならず関東にも古墳は多い。特に群馬県（上野《こうずけ》）は、古墳が多いうえに明治初年に政府が全国の地誌編纂を命じた「皇国地誌」が『上野国郡村誌』として伝えられており、江戸時代から明治初年にかけての古墳の様子を具体的に示す史料に恵まれている点で貴重である。

次に紹介するのはその『上野国郡村誌』の勢多郡下大屋村条の一部で、古墳の石室から石を切り出した村の石工が出土品を持ち帰って病に倒れた、という話である。

大黒塚　去る文政年間（引用註―一八一八〜三〇）、本村（引用註―下大屋村）の石工山口豊蔵と云ふ者大石を得んとして所々の塚を破毀《はき》して石を截取《せっしゅ》す、終にこの塚を破毀して石を掘採せし故、二子山の形この時損したれども今なお少くその形を存す、壙《こう》中より尾偶像《おぐう》の兜《かぶと》人形と唱る状に肖《に》て長五六尺ばかりなると鈴・鏡その他名称を知らざる祭具数多を得たり、時に石工その鈴・鏡を始め皆己が家に持帰り大切に蔵せしに、一二日を経て石工身体痛み強く堪え難かりければ医を召し薬を服するに癒《い》えず、因《より》て卜者《ぼくしゃ》に占考を請ひしに「これは古墳墓を破毀し獲《え》たる金器の祟なれば疾《と》く器物を寺院か神職家に納めば平癒《へいゆ》せん」と教へければ、やがて村の神主の許に蔵めしかばその痛癒《い》へたりと云ふ

ここから読み取ることができるのは、まず、山口豊蔵は石工として「大黒塚」から石を切り出すことを生業としていたということである。つまり、誰にも知られないようにこっそりと塚から石を切り出していたのではないのである。塚といってもその内容はさまざまであるが、この場合は少なくとも生業の一部として成り立つ程度の量の石を有する塚ということから、今日でいう古墳と推定してよいであろう。この下大屋村にあっては、古墳(「大黒塚」)は貴重な石材の供給源であったのである。

次には、なんといっても「大黒塚」からの出土品を持ち帰ったことによる豊蔵の病である。下大屋村ではこの「大黒塚」は、石材の供給源であると同時にその発掘は祟りをもた

らすものでもあったのである。ここにみえる「卜者」の「占考」というのも、この二つの相反する「大黒塚」の性格を整合的に解するための一種の方便といえるであろう。

嘉兵衛の成務天皇陵盗掘

ここで取り上げるのは、陵墓とされた古墳を暴いてそれが罰せられた盗掘事件である。古墳・陵墓を暴いて祟った例は右にもみたとおりであるが、じつは、明治期に入って陵墓への侵入が「不敬罪」として犯罪の対象となるまでは、罪に処せられた例というのはないのである。つまりこれから述べる事件は、その点では例外的なものである。

川路聖謨《かわじとしあきら》（一八〇一〜六八）の奈良奉行在勤中にこの事件は起きた。川路は弘化三年（一八四六）から嘉永四年（一八五一）まで奈良奉行であり、その間後醍醐天皇陵に参拝したり、「神武天皇陵の創出と『浄・穢』の廟議」の章でもふれたように、『神武御陵考』を著わすなど陵墓に大きな関心を持っていた。奈良奉行在勤以前にも天保十一年（一八四〇）から翌年まで佐渡奉行であった時には、佐渡にある順徳天皇火葬塚の荒廃をいたく嘆いたという。

このように陵墓に深い関心を示した川路が奈良奉行として扱った陵墓盗掘事件とは、どのようなものであったのであろうか。この事件では嘉永四年二月に計一一名が捕らえられているが、以下、この陵墓盗掘事件の記録である『帝陵発掘一件奈良奉行記録』（国立公文書館内閣文庫所蔵）に拠《よ》りつつ、とくに首謀格の嘉兵衛に焦点をあててみることにしたい。一連の盗掘事件では成務天皇陵（佐紀石塚山古墳、奈良市山陵町）・垂仁天皇陵（宝来《ほうらい》山古墳、奈良市尼ヶ辻西町）・称徳天皇陵（五社《ごさし》神山古墳、奈良市山陵町、今日宮内庁は神功皇后陵として管理）といった佐紀《さき》盾列《たてなみ》古墳群の巨大古墳が軒並《のきな》み盗掘されるわけであるが、嘉兵衛が関与したのはこのうち成務天皇陵である。

嘉兵衛は文化五年（一八〇八）の生まれで、嘉永四年に捕らえられたときには四十五歳であった。嘉兵衛は妻子とも五人で添下郡横領村に暮らし、農業の間に古道具商を営んでいたが追々困窮にいたり、陵墓や神社の宝蔵には古代の品があるのでそれを盗んで売り払えば儲かるのではないかと、仲間と連れ立って、あるいはひとりで陵墓の盗掘に及んだのである。

まず弘化元年（一八四四）九月のある日、暮六つころというから日没のころ、嘉兵衛はひとりで成務天皇陵の南の方を鍬で幅・深さとも約三尺掘ったところ、石棺がみえたので右側をこねて曲玉《まがたま》（勾玉）五〇を盗み元のように埋め戻し、曲玉は名前を知らない者に金一分で売った。

次いで嘉永元年（一八四八）九月のある日、やはり暮六つころ嘉兵衛は奈良東向中町の和助と申し合わせ、やはり成務天皇陵の以前に鍬を入れた場所をよくみると石棺があり、高さ約四尺長さ約七尺幅約四尺でその覆いは亀形で幅約五尺長さ約八尺で、その石棺の覆いの際の北の隅に長さ約八寸の三角の欠けた穴があった。なかを窺うと石棺の内側に朱の色がみえ底には朱に似た品物や小石等があったので、この穴に手を入れ朱に似た品物掛け目約一貫六〇〇目、管石約六八を取り出して盗み元のように埋め戻し、管石は和助が取り、朱に似た品物は和助の家で嘉兵衛とともに何度も水に晒《さら》して干したところ朱に間違いなく、掛け目約一貫二〇〇目になり、嘉兵衛から奈良今辻子町の亀次郎と同人方に厄介になっている中院町の半蔵の口添えで、二回に分けて下三条町小兵衛へ四両一分銀札三匁八分で売り、このうち金三分は和助へ分け、金一分は半蔵、金二朱銀札一匁は亀次郎は口添料として遣わし、そのほかは嘉兵衛が取った。

同年十月のある日、やはり暮六つころ半蔵と嘉兵衛が申し合わせ、成務天皇陵を前と同じように鍬で掘り穿ち、石棺の欠けた穴から手を入れ管石数十を取り出して盗み取り、元のように埋め戻し、管石は分けて嘉兵衛の取り分は家に置いておいたが紛失した。

そのほか嘉兵衛は仲間と語らい、山辺郡布留村布留社の禁足《きんそく》山や式上郡穴師村穴師明神宝蔵でも埋蔵品・収蔵品を盗んでいる。

そして嘉兵衛は、川路が奈良奉行在勤中の嘉永四年（一八五一）二月四日に捕えられ入牢した。川路は同年六月には奈良を離れたが、その後嘉兵衛は獄中で死亡し、遺体は塩漬けにされて奈良町を引き回されたうえで磔刑《たっけい》となった。和助・半蔵も、同じ刑に処せられた。

遺体を塩漬けにしてさらに磔《はりつけ》とはなんとも極刑のうえに極刑を重ねた感があるが、重科に当たる者が入牢中に死亡した場合に遺体を塩漬けにして保管することは、一般にありうることであった。

それよりもここで注目したいのは、嘉兵衛による計画的な盗掘と、盗品売却のルートの存在である。ここでみた成務天皇陵は前方後円墳で全長では二一八・五メートル、もっとも当時は後円部だけが成務天皇陵とされていたわけであるが、それでも直径一三二メートルもある。そこから日暮れどきにたったひとりで出向いてさほど時間もかからずに石棺を掘り当てるというのは、偶然にあろうことではない。そのうえ、石棺に穴が開いていることを嘉兵衛がよく承知していたというのは、嘉兵衛自身、あるいはその周辺の人々によって、成務天皇陵がそれまでの間に何度となく盗掘されていたことをむしろよく物語るものといえよう。

さらに盗掘品の売却も、決していきあたりばったりに行なわれたものではないであろう。弘化元年（一八四四）九月の盗掘の際に曲玉を名前を知らない者に売ったというのは、取り調べの際に嘉兵衛が相手の名を自白しなかったのか、嘉兵衛自身も売却先を知りえないようなルートであったということであろう。また、売却先を斡旋する口添えをする人々の存在も、ここにははっきりと記されているのである。

先にも述べたように、陵墓や古墳の盗掘事件はそれこそ枚挙に遑《いとま》がないが、江戸時代までにあっては、それが犯罪として処罰された例はこの事件以外にはない。その点ではこの事件は例外的なものではあるが、この盗掘自体を突発的で特異なものとして解してはならないのである。

嘉兵衛は農業の合間にこのような盗掘などを、いってみれば生活の糧として仲間とともに行なっていたのである。この一連の過程からはむしろ、佐紀楯列古墳群周辺の村落にとっての陵墓・古墳のあり方の一局面が読み取られなくてはならない。いってみれば周辺の村落にとって、巨大古墳は宝の山であったのである。それとても村落と古墳のつながりの一局面であったことが、見過ごされてはならない。

天皇講

次にみる河内黒姫山古墳（大阪府南河内郡美原町黒山）は、今日では国の史跡であり宮内庁による陵墓としての管理は受けていないが、歌人であり、また陵墓研究家としても名高い伴林光平《とものはやしみつひら》（一八一三〜六四）は、この古墳をめぐる興味深い記録を残している。それは、安政三年（一八五六）十月から翌四年六月にかけての記事を収めた『巡陵記事』にみえる、「御陵」（河内黒姫山古墳）を暴いた人々がすべて死亡してしまったという信じがたい話である。次のとおりである。

この村（引用註―河内国丹南郡黒山村）に天皇講と云る講ありて年々不欠にこれを修む、その起因《きいん》を尋るに、いつ頃の事にかありけん、里人打談じて潜《ひそか》に御陵を撥《あば》き奉りしに、十七人皆即死す、中に一人石棺より煙の如なる白気、天を突て飛散す、その中に霊威《れいい》の神像を拝みたり、後その死亡の者の子孫、罪を謝してその拝み奉りし御像を模写して、年々その月日にその堂に相寄り、その御像を壁間に掲げて宴する事今に絶えず、その御像を秘めて他人にみせず、その講内の人増さず欠けず、他人を交へず

河内黒姫山古墳には「御陵」との伝承があったのである。そして一七人で「潜に御陵を撥き奉り」というのであるから、石室に入って石棺を開けて副葬品などを得ようとしたのであろうが、「里人」が一七人も揃えばこれは決して「潜に」というようなものではない。

そして「煙の如なる白気」というのは、長年閉じられていた石棺内にこもったガスのようなものでもあったのであろうか。もちろん、全員即死というわりには「白気」の中に「霊威の神像」を見たことが伝えられているなど、この記事の解釈には慎重な判断が必要である。それにしても、「里人」一七人が石棺を暴こうとした行為と「御陵」に対するある種の信仰との葛藤が、ここからは確かに読み取れるのである。

日葉酢媛命陵
盗掘と不敬罪

さて、このような陵墓の盗掘ということでいえば、時代が降って大正五年（一九一六）六月に日葉酢媛命《ひばすひめのみこと》陵（佐紀陵山古墳）などが盗掘され、直接盗掘を行なった者や故買《こばい》に関わった者が捕らえられた事件を見落とすことができない。

この事件についてはすでに玉利勲『墓盗人と贋物づくり』（平成四年、平凡社選書）が、第一審の奈良地裁、第二審の大阪控訴院、そして大審院での判決と、その間における考古学者の関与のあり方に注目した議論を展開しており、ここで事件の内容を改めて追うことは省く。ただしここで注目したいのは、実際に陵墓などを盗掘したグループに対する奈良地裁の判決が、皇陵に対する不敬、皇陵侵入、窃盗などの併合罪によって一一年から一三年の懲役であったということである。さてこのうち陵墓に対する不敬、陵墓への侵入が罪に問われる根拠はどういうものなのであろうか。それはいわゆる「不敬罪」ということなのである。明治四十年（一九〇七）公布、同四十一年施行の「刑法」に次のようにあるとおりである。

第七十四条　天皇、太皇太后、皇太后、皇后、皇太子又ハ皇太孫ニ対シ不敬ノ行為アリタル者ハ三月以上五年以下ノ懲役ニ処ス
神宮又ハ皇陵ニ対シ不敬ノ行為アリタル者亦同シ

第百三十一条　故ナク皇居、禁苑《きんえん》、離宮《りきゅう》又ハ行在所《あんざいしょ》ニ侵入シタル者ハ三月以上五年以下ノ懲役ニ処ス
神宮又ハ皇陵ニ対シ不敬ノ行為アリタル者亦同シ（傍点引用者）

さかのぼって明治十三年（一八八〇）公布、同十五年施行の「旧刑法」をみても、次のとおりである。

第百十七条　天皇・三后（引用註—太皇太后・皇太后・皇后）・皇太子ニ対シ不敬ノ所為アル者ハ三月以上五年以下ノ重禁錮ニ処シ二十円以上二百円以下ノ罰金ヲ付加ス
皇陵ニ対シ不敬ノ行為アル者亦同シ（傍点引用者）

ここに陵墓（「皇陵」）は、天皇・太皇太后（先々代の天皇の皇后）・皇太后（先代の天皇の

皇后）・皇后（天皇の妻）・皇太子（天皇の位を継ぐべき皇子）・皇太孫（皇太子がいない時に天皇の位を継ぐべき皇孫）と、あるいは皇居・禁苑（皇居内の庭園）・離宮（皇居以外の宮殿）・行在所（天皇の旅行の際の仮の住まい）・伊勢神宮と同じカテゴリーで捉えられるにいたったのである。

聖地としての陵墓

この後、陵墓は歴代天皇の霊、つまり「陵霊」を祀る聖地としてきわめて厳重に管理されるようになる。そして、陵墓の聖地化に迎合する一部人士は、巡礼よろしく各陵墓をめぐる「巡陵」を「皇国民」の義務のように宣伝につとめた。そして「巡陵」は、組織だって盛んに行なわれたのである。聖地としての陵墓は、「官民」呼応してここに完成した。そのことは同時に、陵墓を管理する官員に対して聖地を守るのにふさわしくあることが求められることでもあった。しかし、ことはそう簡単ではなかった。

たとえば大阪市の歴代皇陵参拝会が発行する『皇陵』は、昭和七年（一九三二）五月号から翌年九月号にかけて、仁徳天皇陵を管理する某が、就職に際して宮内省に提出した履歴書が代筆であったことや、一般人の立ち入りが禁じられ、聖地であるはずの陵域内の「奥山深く」入り込み、蕨《わらび》狩りの名目で女性と興じるなどした事件を大きく取り上げている。当然のことながら『皇陵』の論調は、これを「大不敬」「狂態」「皇陵の尊厳を冒瀆」「聖地を汚し」などと断じて、関係者の責任を追及するものである。

こうした聖地を汚す「重大事件」をめぐって宮内省が当人を「依願免職」としたことに対して「本問題の如き重大事件を斯《かく》の如く簡単に片付け去つて、而《しか》して陵墓の尊厳と陵墓職員の神聖とを維持することが出来るであらうか。吾人《ごにん》は疑ひなきを得ない」と論者が宮内省の対応を批判しているのは、いろいろな意味で注目されるであろう。

天武持統天皇陵の改定

陵墓比定の根拠

二つの天武持統天皇陵

見瀬丸山古墳と野口王墓古墳

本章で取り上げる古墳は、見瀬《みせ》丸山古墳（奈良県橿原市五条野町・大軽町）と野口王墓古墳（同高市郡明日香村野口）である。この二つの古墳は、ともに天武持統《てんむじとう》天皇陵とされたことがある古墳である。今日では、文化庁が見瀬丸山古墳の全体を国の史跡丸山古墳として、宮内庁が野口王墓古墳を天武持統天皇檜隈大内《ひのくまおおうち》陵として、見瀬丸山古墳の後円部の一部を畝傍《うねび》陵墓参考地として管理している。

このうち野口王墓古墳については、鎌倉時代の嘉禎《かてい》元年（一二三五）三月に盗掘され、火葬に付された持統天皇の遺骨を納めた銀の骨壺が盗まれたことが、藤原定家の日記『明月記』同年四月二日条・六月六日条に載せられていることや、その際の石室内の克明な記録として『阿不幾乃山陵記《あおきのさんりょうき》』があることがよく知られている。『阿不幾乃山陵記』は明治十三年（一八八〇）になって発見されたものであるが、その経緯などについては後に述べることにしたい。

江戸時代の見瀬丸山古墳

ここではまず見瀬丸山古墳をめぐって、江戸時代の文献にどのように捉えられていたかについてみることにしたい（表6）。

元禄十二年（一六九九）までに行なわれた元禄の修陵では、天武持統天皇陵は野口王墓古墳とされ、その際に著わされた『御陵所考』は、野口王墓古墳について「掘崩す、高四間、根廻九十五間、垣廻五十八間、門口五尺四方、石棺破砕あり」としている。

ところがその後の享保十九年（一七三四）に成った官撰地誌『大和志』では天武持統天皇陵は見瀬丸山古墳とされ「岩窟《がんくつ》広さ八尺許《ばか》り、深さ九尺許り、双石棺《ふたつせっかん》ありと云々」とある。

そして安永元年（一七七二）の本居宣長『菅笠日記《すががさにっき》』は、見瀬丸山古墳について、「道の南に、なほ高くまろに見ゆる岡あり。その南のつらに、塚穴《つかあな》といふいはや有りときゝつ

表6　見瀬丸山古墳・野口王墓古墳の比定の変遷

	見瀬丸山古墳	野口王墓古墳
『御陵所考』(元禄12年)	——	天武持統天皇陵
『大和志』(享和19年)	天武持統天皇陵	——
蒲生君平著『山陵志』(文化5年)	天武持統天皇陵	——
北浦定政著『打墨縄』(嘉永元年)	天武持統天皇陵	文武天皇陵
平塚瓢斎著『聖蹟図志』(嘉永元年)	天武持統天皇陵	天武持統天皇陵説・倭彦命塚説を併記
文久の修陵(文久2年〜)	天武持統天皇陵として仮修補	文武天皇陵として仮修補
谷森善臣著『山陵考』(文久年間)	——	天武持統天皇陵
「文久の修陵」から明治4年10月までの間	——	天武持統天皇陵
明治4年10月	天武持統天皇陵	——
明治14年2月	「そのまま差し置く」	天武持統天皇陵
明治30年9月	陵墓伝説地	天武持統天皇陵
昭和初期頃	陵墓参考地	天武持統天皇陵

れば、細き道をたどりゆきて見るに、口はいとせばきをのぞきて見れば、内はやゝひろくて、おくも深くは見ゆれど、闇《くら》ければさだかならず、下には水たまりて、奥のかたにその水の流れいづる音聞ゆ」とする。

これによると、見瀬丸山古墳後円部にある石室への入口は「塚穴」とよばれ、少なくともこのころまでには見瀬丸山古墳の石室には水や泥が溜まっていたことがわかる。

さらに蒲生君平《がもうくんぺい》『山陵志』（文化五年〈一八〇八〉）は、見瀬丸山古墳を天武持統天皇陵としたうえで「大内陵（引用註―見瀬丸山古墳）は魏然《ぎぜん》として崇《たか》し。今呼んで丸山となす。名をその形に取れるなり」と述べる。

幕末期に目を移すと、嘉永元年（一八四八）の北浦定政『打墨縄《うちすみなわ》』は、天武持統天皇陵を見瀬丸山古墳、文武天皇陵を野口王墓古墳とする。また、安政元年（一八五四）の平塚瓢斎《ひょうさい》『聖蹟図志《せいせきずし》』は、見瀬丸山古墳を「檜隈大内陵天武持統天皇合葬」として天武持統天皇陵にあて、野口王墓古墳を「元禄改天武持統合葬陵、里人武烈《ぶれつ》帝岩屋という、或はいう倭彦命《やまとひこのみこと》塚」として、元禄年間には天武持統天皇陵とされていたこと、武烈天皇の岩屋、あるいは倭彦命の塚との説もあることを述べるのである（図21）。

文久の修陵直前の、天武持統天皇陵の比定をめぐる混沌とした状況を、ここにみること

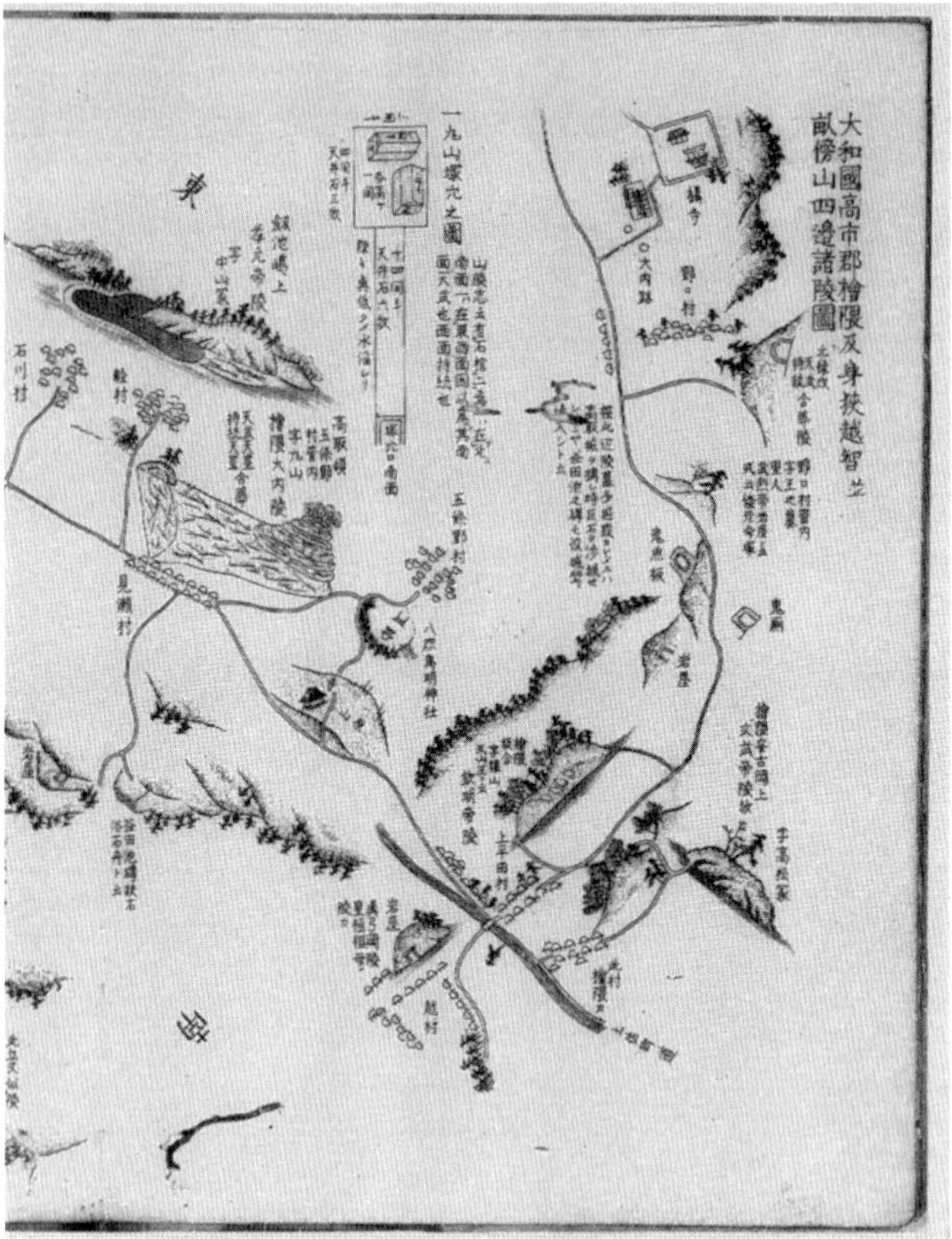

図21　『聖蹟図志』の見瀬丸山古墳・野口王墓古墳

（国立公文書館内閣文庫所蔵）

ができる。

文久の修陵と天武持統天皇陵

それでは、文久の修陵では天武持統天皇陵はどのように扱われたのであろうか。

文久二年（一八六二）十一月から十二月にかけて、戸田忠至《ただゆき》一行が大和・河内・和泉などを陵墓見分に訪れたことはすでに「文久の修陵」の章などで述べた。忠至一行は十一月二十二日に見瀬丸山古墳を訪れ、これを天武持統天皇陵としたうえで、石棺が水に沈んでいるのを見て水抜きを設け、石棺が外部に露出しないように普請した。『文久度山陵修補綱要』（宮内庁書陵部所蔵）に次のようにあるとおりである。

大和国高市郡見瀬村の近軽村と申すに、天武持統合葬丸山と唱ひ段々付畑なり、入口より石棺顕《あらわ》れ出水に沈み入なる御場所発見、よって明二十二《（ママ）》日中水抜を付け御石棺顕れざる様取り計らうべく申し付けあり

石棺が水に沈んでいるということでいえば、宣長の描写そのままの様子がこのころまで続いていたのである。

この一行には、先にも述べたように谷森善臣《よしおみ》・北浦定政・岡本桃里・大沢清臣《すがおみ》・大橋長憙《ながおき》・田中教忠らといった、幕末から明治期にかけての陵墓政策に大きく関与する人々が多

く加わっているが、そのようななか文久の修陵で天武持統天皇陵とされたのは、野口王墓古墳ではなくこの見瀬丸山古墳であった。

図22は、忠至一行の文久二年の陵墓巡検に加わった絵師岡本桃里による『山陵図』で、天武持統天皇陵として修補された見瀬丸山古墳の様子が描かれている。そしてこの時野口王墓古墳は、文武天皇陵として修補された（図23）。

ただここで注意しなければならないのは、このときの見瀬丸山古墳の天武持統天皇陵としての修補は、あくまでも仮のものであったということである。宮内庁書陵部所蔵の史料を用いて文久の修陵の先駆的研究をなした戸原純一氏や、江戸時代における「山陵図」の諸本の系統を網羅的に研究した増田一裕氏によれば、この天武持統天皇陵のほかにも綏靖《すいぜい》天皇陵・崇峻《すしゅん》天皇陵・光明《こうみょう》天皇陵が文久の修陵に際して仮の修補であったという。

なぜこれらの陵墓が正式にではなく仮の修補であったのかということについては、それぞれの陵墓の個別の事情を考えなくてはならないであろう。見瀬丸山古墳が天武持統天皇陵として仮修補となった背景には、おそらく野口王墓古墳を天武持統天皇陵とする説の存在があったものと思われる。

その野口王墓古墳天武持統天皇陵説の代表格が谷森善臣『山陵考』である。『山陵考』

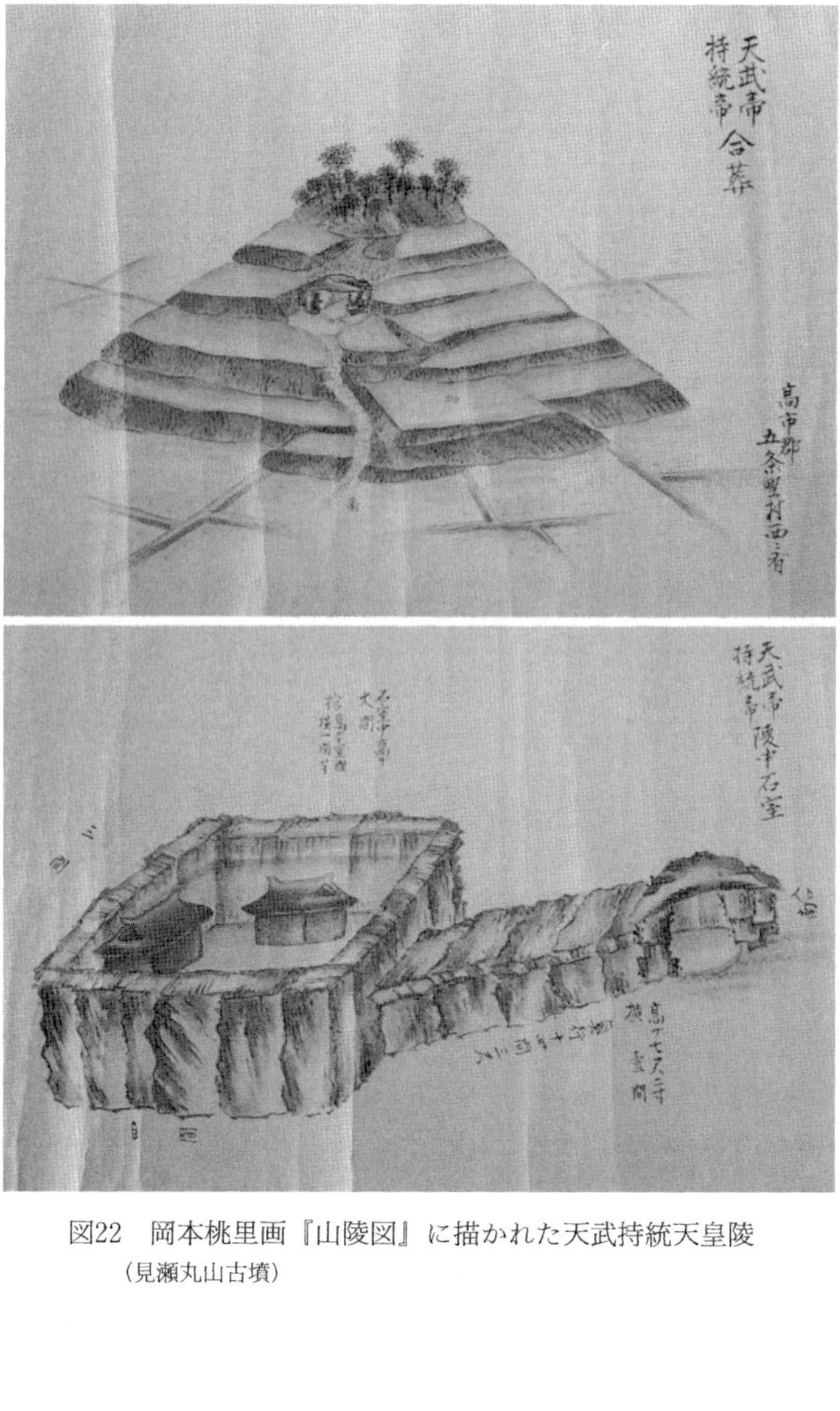

図22　岡本桃里画『山陵図』に描かれた天武持統天皇陵
（見瀬丸山古墳）

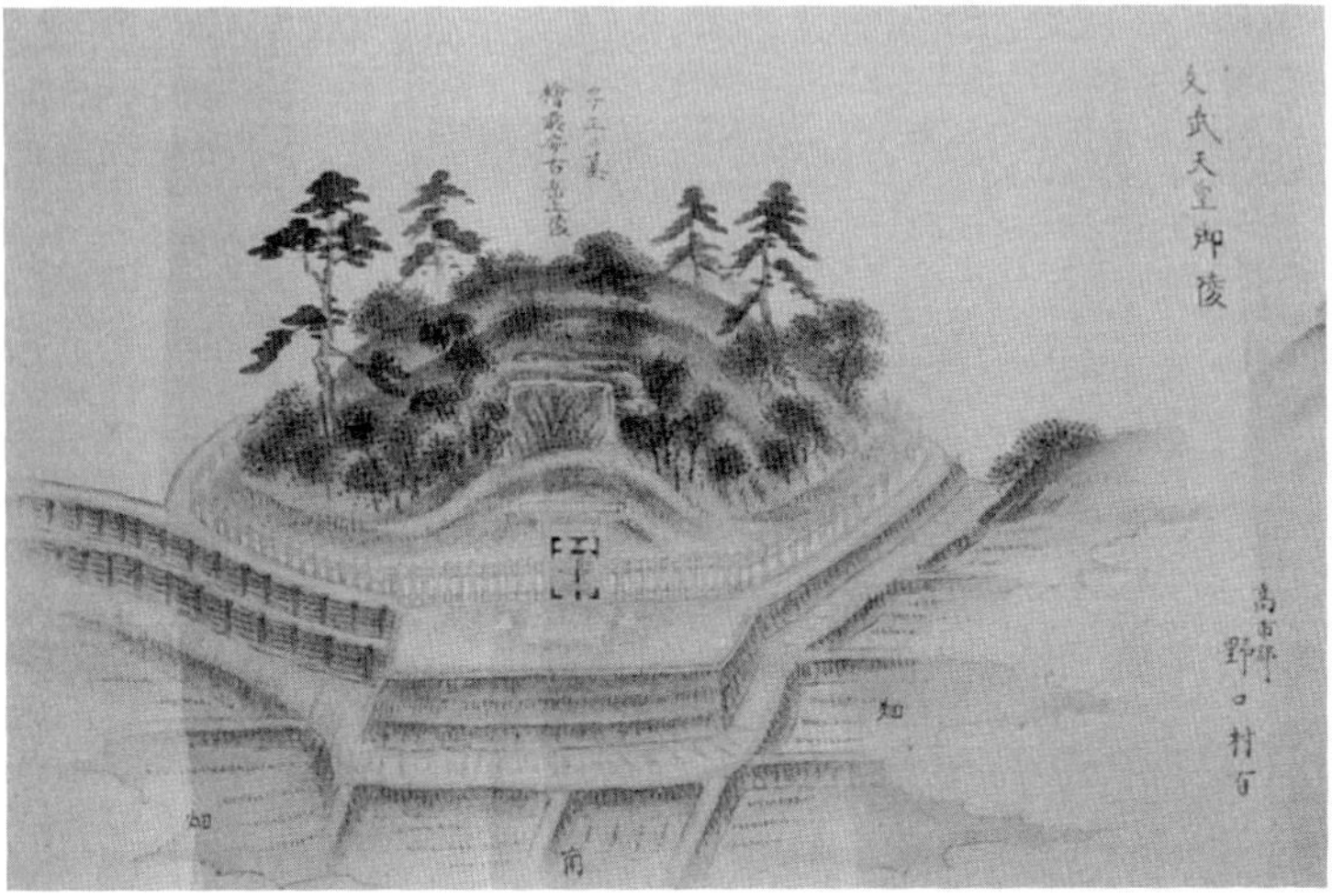

図23　岡本桃里画『山陵図』に描かれた文武天皇陵（野口王墓古墳）

は慶応三年（一八六七）に当時山陵奉行であった戸田忠至から朝廷と幕府のそれぞれに献上されたもので、山陵考証家谷森の集大成ともいうべき著作である。そこには、天武持統天皇陵について次のように述べられている。

丸山（引用註―見瀬丸山古墳）のかたは石棺[二]一つあるに依て、御合葬の墳墓なることは明なれど、当昔《そのかみ》御合葬の陵墓多数ありて、同じこの五条野村領の内にも、字を菖蒲池とよぶ処に、石室は半毀《なかばこぼて》たれど、石棺二つ双在る南面の荒墳あり。また上に引出たる『明月記』の文によるに、女帝（引用註―持統天皇）の御骨は銀の筥に収蔵《をさめ》てありし趣にて石棺に蔵めてありしこと聞えざれば、二棺あるに依てかならず大内陵（引用註―天武持統天皇陵）の証とはなりがたかるべし。またこの陵の御時代前後の諸陵を伺奉るに、円丘にして、前方後円に造たるは例あらず。またその丘体も壮大ならざるを、今この丸山は総体甚盛大にして周廻五百間に余れり。この御時代前後の諸陵の制度に叶はず。

谷森の主張するところは、持統天皇は火葬され遺骨は骨壺に納められ、しかも『明月記』にもみえるとおりすでに盗掘されて持統天皇の骨壺も失われたのであるから、天武持統天皇陵には天武天皇の遺骸を納めた石棺一基のみが残るはずである。石棺が二基ある見瀬丸山古墳が天武持統天皇陵であるわけはない、というきわめて明瞭なものである。しかし、この谷森の主張は文久の修陵で受け入れられなかった。それではこの谷森の議論が受け入れられず、二基の石棺がある、谷森の議論によれば天武持統天皇陵であるわけがない見瀬丸山古墳がなぜ天武持統天皇陵とされてしまったのか。残念ながら今のところ、その経緯を示す史料はみられない。

幕末〜明治初年の天武持統天皇陵

文久の修陵で、仮に天武持統天皇陵として修補された見瀬丸山古墳、文武天皇陵とされた野口王墓古墳ではあったが、これらの古墳がその後どのような経過をたどったのかについては、じつはあまりはっきりとわかってはいない。ただ平成三年（一九九一）に、偶然の機会に見瀬丸山古墳の石室が開口された際の書陵部による同古墳石室の調査報告には、明治四年（一八七一）十月二日に天武持統天皇陵が野口王墓古墳から見瀬丸山古墳に改定された旨記されている。とすると、文久の修陵で仮に天武持統天皇陵とされた見瀬丸山古墳ではあったが、その後明治四年十月までの間に天武持統天皇陵は野口王墓古墳に改められ、それが明治四年十月に再度見瀬丸山古墳へ改められたということになる。

見瀬丸山古墳と陵墓参考地

天武持統天皇陵と耕作地

見瀬丸山古墳の墳丘は広大であるが、この墳丘は周辺の村落の耕作地となっていた。もちろんこのようなことは、決して珍しいものではない。「村落と陵墓」の章で古市古墳群の例をとってみたとおりである。『公文録』（国立公文書館所蔵）には明治七年（一八七四）の見瀬丸山古墳のそのような様子を示す図（図24）が収められているが、墳丘全体に田・畑が展開されていたことがよくわかる。またこの図からもわかるとおり、見瀬丸山古墳が天武持統天皇陵として管理されていたといっても、それは後円部の一部分だけであった。

このような、陵墓として、あるいは耕作地としての見瀬丸山古墳の姿は、大蔵省造幣局

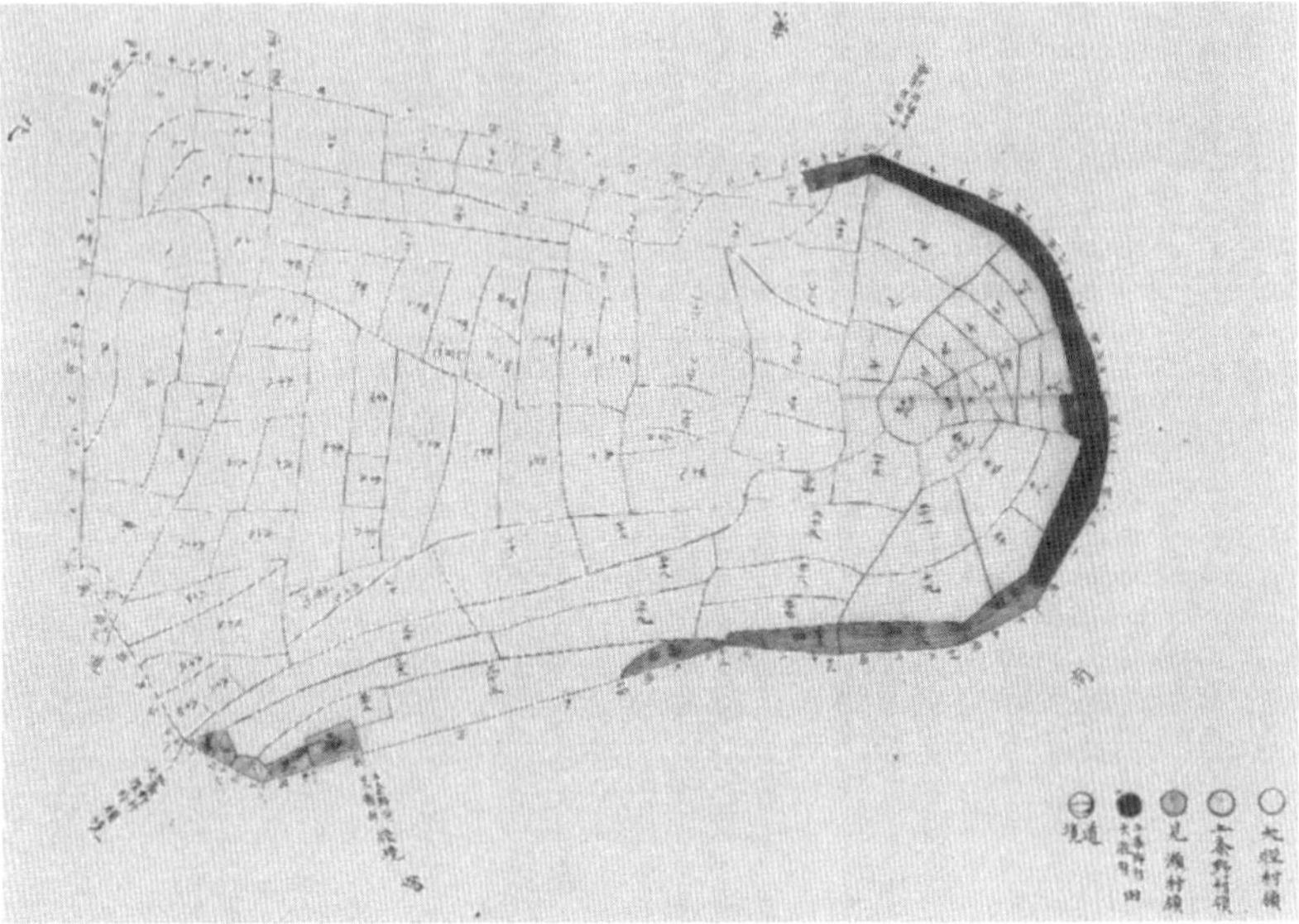

図24 『公文録』にみる明治7年の見瀬丸山古墳（国立公文書館所蔵）

図25 ゴーラント撮影の見瀬丸山古墳

のお雇い外国人で日本の古墳についての論文も多く残したウィリアム＝ゴーラント（一八四二〜一九二三）が、滞日中（明治五〜二十一年〈一八七二〜一八八八〉）に撮影した写真によっても偲ぶことができる（図25）。

ゴーラントはイギリスに帰国してから後の明治四十年（一九〇七）に発表した論文「日本の初期天皇陵とドルメン」で、次のように見瀬丸山古墳を描写している。

墳丘は……ずいぶん荒れている。その側面と頂上部は、長い間農耕に使われてきて、今では麦の段畑になっている。残っているのは東端の一部分だけで、そこは、不均整な円形の墳丘で、木立ちが覆っているが、もともと墳丘の山頂だったのである。しかし、あまりに巨大なため、たび重なる農耕作業といえども、元来の形――四段丘からなる皇陵型の双墳――の主要な輪郭《りんかく》を破壊することはできなかった。濠は、ほとんど完全なまでに、墳丘を取り巻く田畑と化してしまったので、その幅は確かめようがない。（稲本忠雄訳・上田宏範監修『日本古墳文化論―ゴーラント考古論集―』昭和五十六年、創元社）

明治初期における見瀬丸山古墳の姿の的確な描写を、ここにみることができる。

そして右にみたように、見瀬丸山古墳は明治四年（一八七一）十月ふたたび天武持統天皇陵として管理されるようになったのである。天皇陵となった古墳の墳丘に、このまま耕作を続けてよいのか周辺の村落が危惧をいだいたのは当然であった。

最も広い耕地を墳丘に持つ大軽村は、明治八年（一八七五）四月十七日付の奈良県への「伺」で、もう夏毛の植え付けの時期が迫っているが取りかかってもよいかと尋ねている。なにしろこの墳丘上の耕作地は有税地なのであるから、問題は切実である。これを受けた奈良県は、さっそく翌日に教部省に「伺」を提出した。その教部省はさらに同月二十九日付で太政大臣三条実美《さねとみ》に宛てた「伺」を提出したが、そこには見瀬丸山古墳と天武持統天皇陵の関係について、興味深い記述がみられる。つまり「しかるに該陵（引用註―見瀬丸山古墳）御確定の御達これなき内は、内務省へ掛合いも致し兼ね候次第に候えども、該陵の儀は他に擬似の地もこれなく、決して曖昧ならざる御場所に候」というのである。

これをみると、少なくともこの時点では見瀬丸山古墳について「該陵御確定の御達」がなかったことがわかる。すなわち、見瀬丸山古墳がふたたび天武持統天皇陵とされたとはいっても、それは正式のものではなかったのである。当時陵墓に関する事務を管掌していた教部省が見瀬丸山古墳を天武持統天皇陵として「決して曖昧ならざる御場所」と述べるのも、かえってそのような事情を裏付けるものと解されよう。

そして先にみた書陵部による見瀬丸山古墳石室の調査報告は、この間の事情について、見瀬丸山古墳は天武持統天皇陵として明治八年（一八七五）五月に「仮定」された、とするのである。この「仮定」とはいったい何だったのであろうか。残念ながら今のところ、その間の経緯を示す史料には恵まれていない。

明治十四年の改定

このように、文久の修陵に際して天武持統天皇陵として仮修補された見瀬丸山古墳は、事情は不詳ながらその後天武持統天皇陵としての管理を解かれ、明治四年十月以降ふたたび天武持統天皇陵とされた、というじつに複雑な経過をたどってきた。しかもその一〇年後の明治十四年（一八八一）二月には、またもや見瀬丸山古墳は天武持統天皇陵としての管理を解かれることになる。

これは、この前年の明治十三年（一八八〇）六月十三日に京都栂尾《とがのお》の高山寺（京都市右京区梅ヶ畑栂尾町）で、野口王墓古墳が嘉禎元年（一二三五）三月に盗掘された際の石室の様子を詳細に記した『阿不幾乃《あおきの》山陵記』が、田中敬忠によって発見されたことが契機となったものである。以降今日にいたるまで、野口王墓古墳が天武持統天皇陵とされているのである。

しかし政府内の事務手続きのうえでは、宮内省官吏の大沢清臣《すがおみ》と大橋長憙《ながおき》が同年十二月

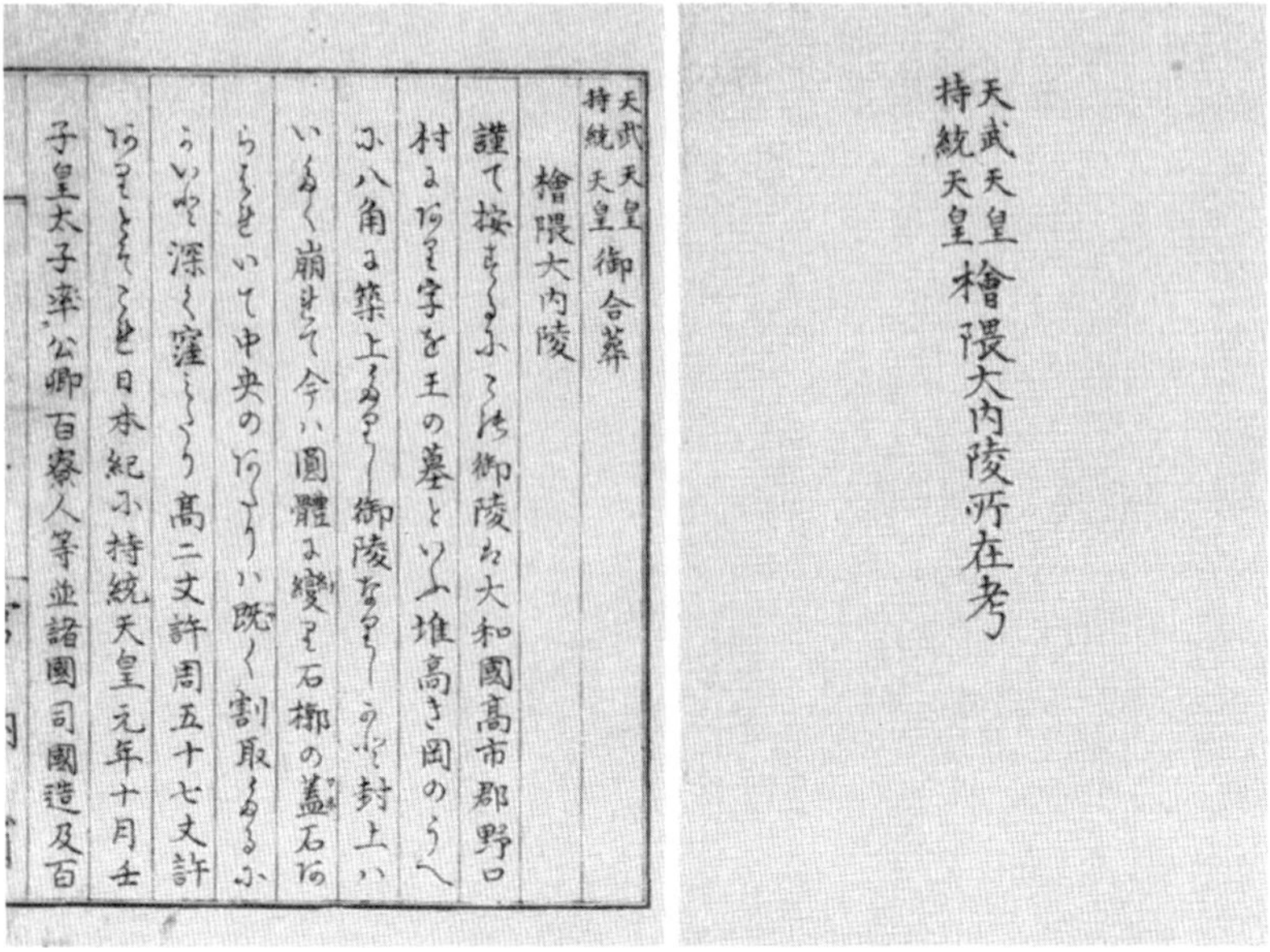

天武天皇持統天皇檜隈大内陵所在考

天武天皇持統天皇御合葬
檜隈大内陵
謹て按するに此御陵は大和國高市郡野口
村にある字を王の墓といふ堆高き岡のうへ
に八角に築上たるもの御陵なるもの封土は
いたく崩れて今は圓體に變れ石槨の蓋石が
あらはれて中央のあたりは既く割取たるに
よりて深く窪まれり高二丈許周五十七丈許
ありとぞいへり日本紀に持統天皇元年十月壬
子皇太子率公卿百寮人等并諸國司國造及百

図26　「天武天皇持統天皇檜隈大内陵所在考」（『公文録』国立公文書館所蔵）

に著わした「天武天皇持統天皇檜隈大内陵所在考」（『公文録』国立公文書館所蔵。以下「天武持統天皇陵所在考」という。図26）が天武持統天皇陵の改定のために、決定的な役割を果たしたのである。もちろんこれは、右にみた『阿不幾乃山陵記』の発見を契機として著わされたものではあるが、その他にもさまざまな史料を引きながら、天武持統天皇陵が見瀬丸山古墳ではなく野口王墓古墳であることを論じたものである。

「天武持統天皇陵所在考」

ではその「天武持統天皇陵所在考」は、どのような論拠から天武持統天皇陵の改定を論じたのであろうか。『阿不幾乃山陵記』がそこに引かれていることはもちろんであるが、そこに記された野口王墓古墳石室内の様子がその論拠なのではない。

「天武持統天皇陵所在考」は、天武持統天皇陵見瀬丸山古墳説を批判して次のように述べる。

その室内（引用註—見瀬丸山古墳石室）に石棺二箇ありて正しく合葬の状にかなへるからに、並河永らが著しゝ『大和志』、また蒲生秀実（引用註—君平《くんぺい》）かかける『山陵志』などにもこの御陵にあてたるによりてその後の人々もその説になつみてみな然《しか》のみ思ひためれと石棺が二基あるからといって見瀬丸山古墳を天武持統天皇陵とするのは誤りである、というのである。そして、そのことはすでに谷森善臣が指摘していると続けて、次のように述べる。

先年谷森善臣は『大和志』などの説を非として採用ひざりしあらましは、かの丸山（引用註―見瀬丸山古墳）はあざなにて然《しか》よびたれその山作はうしろ円く前のかた方形《けたなり》に造れるのみならず、その高九丈許、四周三百丈余ありて、その周囲に隍《ほり》のあとさながら残り、かつ羨門《せんもん》は南うしろのかたに顕れたれど、築ざまは乾《いぬい》（引用註―西北）向にて南面ならざるなどみな当時前後の制度にかなはざる明証なり、またかの石室内に石棺二箇あるもかの『明月記』に「女帝の御骨においては、銀の筥《はこ》を犯用し路頭に弃《す》て奉り了んぬ」とみえたるにかなはず、この御陵は元禄年中にさだめられたる如く野口村なる王の墓（引用註―野口王墓古墳）のかたこそ、『日本紀』（引用註―『日本書紀』）欽明天皇の七年七月の条に「檜隈邑の人川原民直宮といふ人の得たる良馬のことをいひて『服《の》り御《もち》いること随心《やすらか》に、馳《は》せ騣《うぐつ》くこと合度《ととのほ》れり。大内丘の壑《たに》を超え渡ること、十八丈』とみえたるにもその地勢いとよくかなひたる、丸山のかたにてはこれらの趣にもかなひがたしとていたく論《あげつら》ひしこともありしかとこれは、先にみた谷森善臣『山陵考』の内容をふまえたものである。文久の修陵の際に否定された天武持統天皇陵についての谷森の議論が、ここに甦《よみがえ》ったのである。

「天武持統天皇陵所在考」の論拠

もっとも「天武持統天皇陵所在考」とても、決して谷森の説をただ焼き直して天武持統天皇陵の見瀬丸山古墳から野口王墓古墳への改定の根拠としたのではない。前年の明治十三年に発見された『阿不幾乃山陵記』を大きな拠りどころとしているのは、もちろんである。

そして、「天武持統天皇陵所在考」が述べる天武持統天皇陵野口王墓古墳説の根拠が、『阿不幾乃山陵記』がこと細かに記す野口王墓古墳の石室内の様子でないことも、すでに右に述べた所である。それでは「天武持統天皇陵所在考」の述べる天武持統天皇陵野口王墓古墳説の根拠とは、いったい何なのであろうか。

それは、『諸陵雑事註文』(正治二年〈一二〇〇〉)に「大和青木《あおき》御陵天武天皇御陵」と、鏡恵比丘《きょうえびく》の『西大寺塔三宝料田畠目録』に「高市郡三十一条二坪内御廟東辺二段字青木」とあることから、もともと天武持統天皇陵は「青木」という場所にあったことは明らかであったが、このたび発見された『阿不幾乃山陵記』の「阿不幾乃山陵里号野口」(図27)との記述によって、その「青木《あおき》」、つまり「阿不幾《あふき》」(あおき)が「里号野口」とされるこ

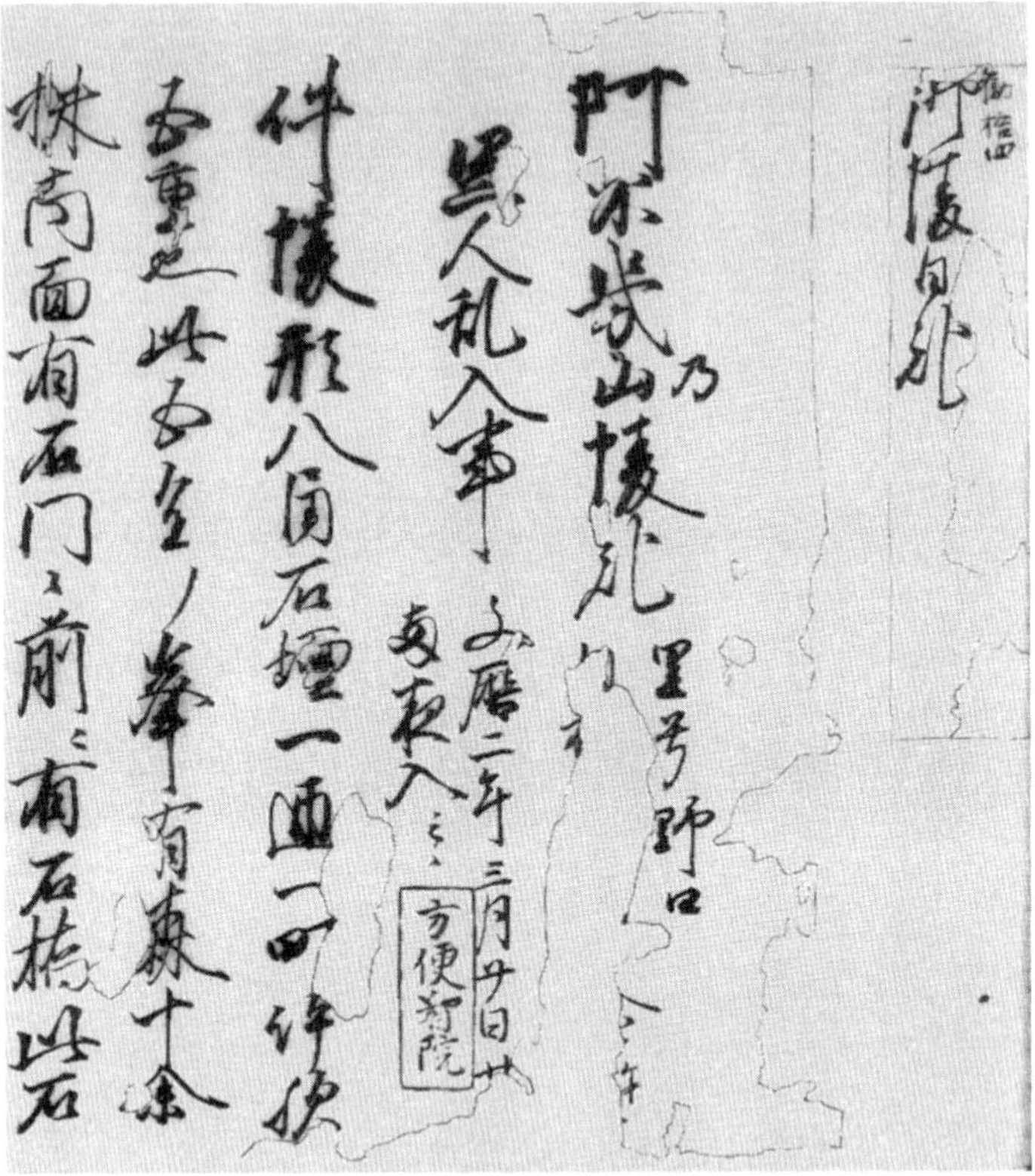

図27　「阿不幾乃山陵記」の謄写（『公文録』国立公文書館所蔵）

とが証明された。すなわち、字野口にある野口王墓古墳こそが天武持統天皇陵である、というのである。

このように「天武持統天皇陵所在考」の示す考証の姿勢は、文献や地名をより所とした実証的なものである。

そのうえで「天武持統天皇陵所在考」は、それまで見瀬丸山古墳が天武持統天皇陵とされていたことを評し、「とにかくに二棺あるになづみて丸山のかたにこゝろをよする人の多かりしからに、終に然さたまりて」とする。

その後の政府内部での手続きの経過についてみると、この明治十三年十二月に著わされた「天武持統天皇陵所在考」は宮内卿に具申《ぐしん》され、同月二十五日に宮内卿徳大寺実則《さねつね》が太政大臣三条実美《さねとみ》に天武持統天皇陵と文武天皇陵の改定を伺い、太政官内務部で勘査の上翌明治十四年一月十三日付でこれを可とする「御指令案」が作成され、同日内務部の勘査を受けて宮内省の伺が回議《かいぎ》に付され、同月二十五日には太政大臣三条実美以下が連署のうえ、裁可を仰ぎ、二月一日にこれが可とされた、というものである。

右にみたような「天武持統天皇陵所在考」の議論の組み立てや、政府部内の手続きの進捗と同時に重要なことは、文久二年（一八六二）十一月から十二月にかけての戸田忠至《ただゆき》の陵墓巡検に、谷森善臣のほかにも「天武持統天皇陵所在考」を著わした大沢と大橋が加わっていることである。また、谷森と大橋は従兄弟《いとこ》同士にあたる。文久の修陵以降の天武持統天皇陵の変遷を論じるに当たっては、このような人的なつながりをも視野に入れる必要がある。

見瀬丸山古墳のその後

このように、明治十四年（一八八一）二月に見瀬丸山古墳は天武持統天皇陵としての管理を解かれた。その後見瀬丸山古墳はどのような変遷をたどったのであろうか。

この点についても前にもみた書陵部による見瀬丸山古墳石室の調査報告は、明治十四年二月以降の見瀬丸山古墳について「十四年（明治）二月十五日には、檜隈大内陵（引用註―天武持統天皇陵）が再度、高市郡野口村王之墓に改定されたのをうけて、同月二十三日、この治定替の件が宮内省から内務省に通知されるとともに、高市郡五条野村字丸山の地（引用註―見瀬丸山古墳）を『当省見込有之場所』として『其儘《そのまま》差置』くことを申入れている。その後、三十年九月十五日には、高市郡五条野の民有地を伝説地と定め、引渡しを指令し、三十一年十二月六日に奈良県が諸陵寮に同地を陵墓伝説地として引渡したのをうけて、翌年一月十五日に諸陵寮は奈良県から同地を受領し」た、としている。

これによると、見瀬丸山古墳は明治十四年二月に天武持統天皇陵としての管理を解かれた後、宮内省によって「見込」がある場所として「其儘差置」かれ、明治三十年（一八九七）九月には「陵墓伝説地」となった、というのである。この「其儘差置」とはいずれかの文書の文言をそのまま引いたものと思われるが、この一六年の間、見瀬丸山古墳は陵墓でも「陵墓伝説地」でもない、それこそ「其儘」の状態が続いたのである。

そして、天武持統天皇陵としての管理を解かれて以降の見瀬丸山古墳に注目した山上豊氏は、明治十四年六月ころには見瀬丸山古墳の墳丘の頂上以外は民有地で兆域《ちょういき》も確定できず木柵も建設されていない様子であったことが、奈良県行政文書から窺えることを明らかにした。

野淵龍潜と見瀬丸山古墳

明治二十年（一八八七）以降奈良県属として同県内の古墳調査に携わった野淵龍潜（一八四二～一九〇九）は、明治二十六年（一八九三）三月に『大和国古墳墓取調書』を著わし、見瀬丸山古墳を陵墓、つまり天皇・皇族の墓地に当てられるべき「甲号」に分類したうえで、当時の見瀬丸山古墳について興味深い記述を展開している（図28）。

野淵はまず「その構造壮大にして今回の調査中此の如き大塚は殆んど稀なり」と見瀬丸

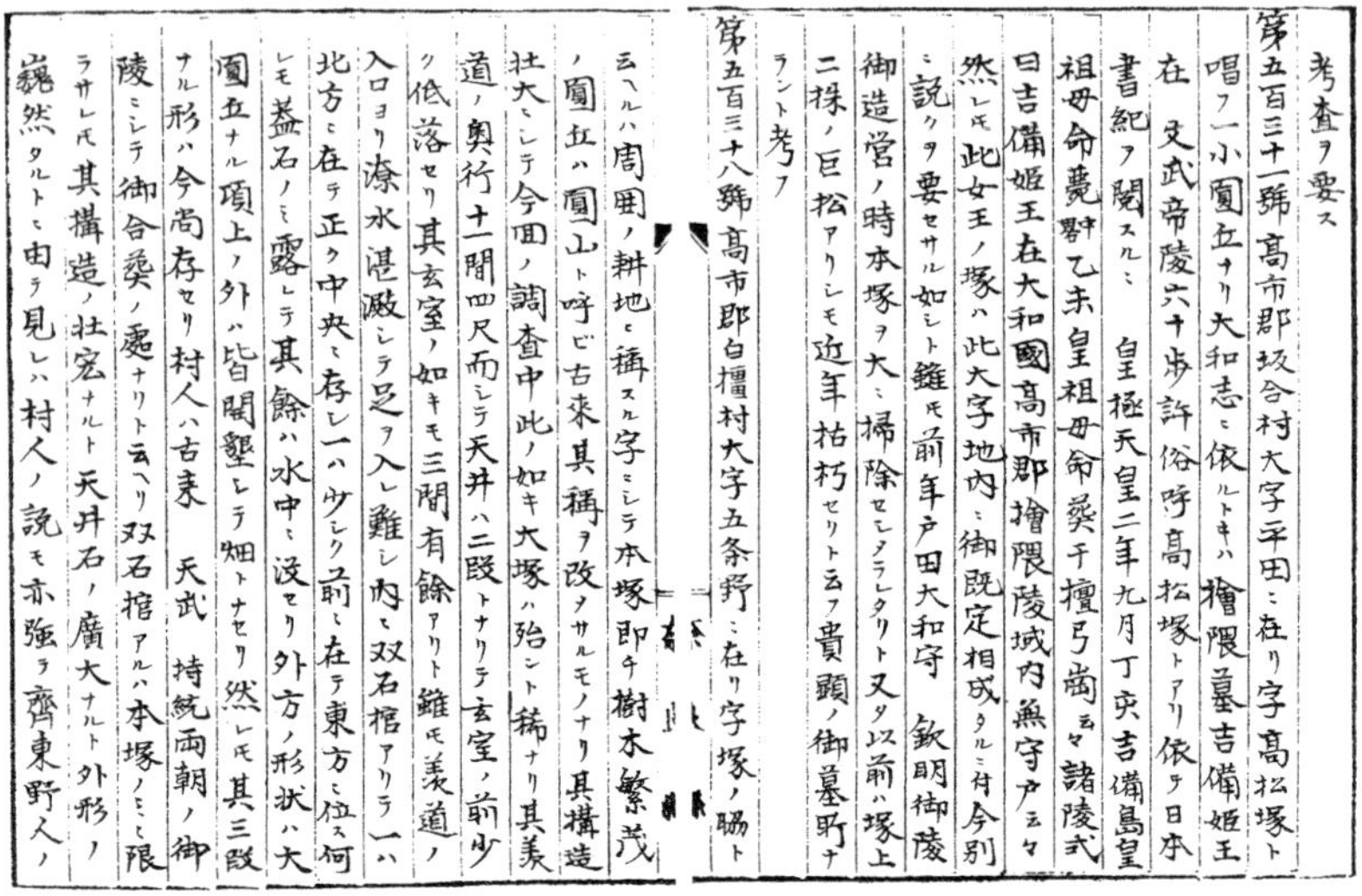

考査ヲ要ス
第五百三十一號高市郡坂合村大字平田ニ在リ字高松塚ト
唱フ一小圓丘ナリ大和志ニ依ルトキハ檜隈墓吉備姫王
在 文武帝陵六十歩許俗呼高松塚トアリ依テ日本
書紀ヲ閲スルニ 皇極天皇二年九月丁亥吉備島皇
祖母命薨葬于檀弓崗云々諸陵式
曰吉備姫王在大和國高市郡檜隈陵域内無守戸云々
然レモ此女王ノ塚ハ此大字地内ニ御既定相成タルニ付今別
ニ説クヲ要セサル如シト雖モ前年戸田大和守 欽明御陵
御造営ノ時本塚ヲ大ニ掃除セシメラレタリト又タ以前ハ塚上
二株ノ巨松アリシモ近年枯朽セリト云フ貴顕ノ御墓所ナ
ラント考フ
第五百三十八號高市郡白橿村大字五条野ニ在リ字塚ノ脇ト
云ヘルハ周囲ノ耕地ニ稱スル字ニシテ本塚即チ樹木繁茂
ノ圓丘ハ圓山ト呼ビ古来其稱ヲ改メサルモノナリ其構造
壮大ニシテ今回ノ調査中此ノ如キ大塚ハ殆ント稀ナリ其羨
道ノ奥行十二間四尺而シテ天井ハ二段トナリテ玄室ノ前少
ク低落セリ其玄室ノ如キモ三間有餘アリト雖モ羨道ノ
入口ヨリ潦水湛溜シテ足ヲ入レ難シ内ニ双石棺アリテ一ハ
北方ニ在テ正ク中央ニ存シ一ハ少シク前ニ在テ東方ニ位ス何
レモ蓋石ノミ露レテ其餘ハ水中ニ没セリ外方ノ形状ハ大
圓丘ナル項上ノ外ハ皆開墾シテ畑トナセリ然レモ其三段
ナル形ハ今尚存セリ村人ハ古来 天武 持統両朝ノ御
陵ニシテ御合葬ノ處ナリト云ヘリ双石棺アルハ本塚ノミニ限
ラサレモ其構造ノ壮宏ナルト天井石ノ廣大ナルト外形ノ
巍然タルトニ由テ見レハ村人ノ説モ亦強チ齊東野人ノ

図28　野淵龍潜著『大和国古墳墓取調書』

山古墳の規模の大きさを指摘したうえで、羨道《せんどう》・石室・墳丘について、それぞれ「羨道の入口より潦水湛澱《りょうすいたんでん》して足を入れ難し」「何れも蓋《ふた》石のみ露《あらわ》れてその余は水中に没せり」「外方の形状は大円丘なる頂上の外は皆開墾して畑となせり」と、まったく管理が行き届いていないあり様を描写する。石室内に水が溜まっていることなど、この時期にあっても、宣長のころと何もかわっていないのである。

しかし野淵がここで最も力をこめて訴えようとしたのは、事実上の天武持統天皇陵見瀬丸山古墳説である。野淵は「村人は古来天武持統両朝の御陵にして御合葬の処なりと云へり」と地域の伝承を引いたうえで、「その構造の壮宏《そうこう》なると天井石の広大なると外形の巍《ぎ》然《ぜん》たるとに由て見れば村人の説もまた強て斉東野人《せいとうやじん》の語とも云ひ難し」と、これに賛意を表したのである。野淵は続けて「彼両朝（引用註―天武持統天皇）の御陵は本郡野口に於て御確定相成たれば、ここに喋々《ちょうちょう》説くを要せざるもの丶如し」と、明治十四年二月の政府による天武持統天皇陵の改定に異論を唱えるものではないとしつつも、「本塚（引用註―見瀬丸山古墳）両朝（引用註―天武持統天皇）の御陵にあらずとするも、決して皇子皇女若くは上臣抔《など》の塚とは認め難し」と、見瀬丸山古墳が天皇陵には違いないことを主張し、蒲生君平『山陵志』、『諸陵説』が引く堤惟徳《つつみこれのり》の説、北浦定政『打墨縄《うちすみなわ》』、山川政宣『山陵考略』、『大和志』などをよりどころに、見瀬丸山古墳が天武持統天皇陵から外され管理が行き届かなくなってしまった現状を厳しく追及する。「以上の如く民間にては両御陵と決せし如くなり、かつ幕府の時すらあらあら確定して崇敬を為《な》したるに拘《かか》はらず今日その儘《まま》に差し置かるゝは如何あらんか」。野淵の語気は鋭い。

さらに野淵は、見瀬丸山古墳に差し迫った危機が訪れたとして「頃日《けいじつ》かの羨道《せんどう》入口の畑地を（塚下の畑なり）所有する者、その畑を発掘石材（羨門《せんもん》の箇所に相当るべしと考）を斫《とぎ》出し売却致したき旨申出たるに付、篤く説諭を加へその挙を止めしめしといえども、石材必要の今日（近傍に鉄道敷設に付倍石材の必要を生ず）に際し唯だ私利にのみ狂奔《きようほん》する人情なれば何時窃《ひそか》に掘出するも測り難」い、と述べる。石室が切りだされて線路の枕木にされてしまう、というのである。野淵がこれに続けて、「一日も急に御保存の法を設けらるをもっとも必要と考ふ」と訴えるのも当然である。

野淵のこの見瀬丸山古墳をめぐる議論は、同文のものが明治三十八年（一九〇五）九月の考古学会による『考古界』に「大和五条野古墳墓考」と題して発表された。

ここから感じられるのは、天武持統天皇陵としての管理を解かれた後の見瀬丸山古墳に対するある種の情念である。巨大で威容を誇るものの墳丘は耕作され石室には水が溜《た》まり石棺が沈むという、いわば満身創痍《まんしんそうい》のこの古墳には、石棺が二基現存する以上は決して天武持統天皇陵ではありえないという完璧な証明を越えた、人を惹き付けてやまない何かが備わっていたのであろう。

　そしてやはり山上氏によれば、その後の見瀬丸山古墳について、明治二十八年（一八九五）十二月の諸陵寮による実地調査の申し入れ、翌二十九年（一八九六）六・十二月の「陵墓伝説地」指定を前提とした諸陵寮立会いの奈良県による調査をへて、明治三十年（一八九七）九月に前方部のみが「陵墓伝説地」に指定され、同年十月には「官有地第一種御陵墓伝説地」に編入され、さらに昭和初期ころに「陵墓伝説地」から「陵墓参考地」に改められたという。陵墓参考地としての見瀬丸山古墳ということでいえば、これが今日まで引き継がれている形態である。

県令たちの発掘

税所篤と楫取素彦

税所篤と仁徳天皇陵

県令の発掘

よく知られているように、明治期の県令《けんれい》・権令《ごんれい》はその県の出身者があたるのではなく、政府の任命による藩閥人事であった。ここではこのような県令・権令のうち、堺県令税所《さいしょ》篤《あつし》と群馬県令（熊谷県権令・県令）楫取素彦《かとりもとひこ》を取り上げる。税所篤は薩摩藩、楫取素彦は長州藩の出身である。この二人は、いずれも幕末から明治期にかけて顕著な政治的活躍をした人物ではあるが、じつは陵墓について注目するべき動向を示した点でも共通するのである。もっとも税所・楫取の陵墓をめぐる動向に、直接の関連性が認められるわけではない。しかしこの二人が、ともに明治前期に陵墓に関心を示したというのは、まったくの偶然とばかりもいえないのではないか。ここではそのような視点から、まず税所・楫取のそれぞれについて論じ、その後で明治前期の地方の陵墓をめぐるさまざまな動向に視野を拡げて見通しを立てることにしたい。

税所篤

薩摩藩士の次男として生まれた税所篤（一八二七〜一九一〇、図29）は、幕末の動乱期を国学者平田篤胤《あつたね》に学び、西郷隆盛・大久保利通らと交わるなどして過ごしたが、明治以後は大阪府判事・河内県知事・兵庫県権知事をへた後、明治四年（一八七二）十一月に堺県令に着任する。

この税所が陵墓に示した関心については、堺県令であった明治五年（一八七二）九月に仁徳天皇陵（大仙《だいせん》陵《りょう》山《やま》古墳、大阪府堺市大仙町）の前方部を発掘したことがよく知られている。これをめぐっては、すでに森浩一氏が山中永之佑氏による「堺県公文録」の研究を引きつつ、著書の中で繰り返し述べているところである。

図29　税　所　篤

仁徳天皇陵の出土品

税所による仁徳天皇陵（大仙陵山古墳）の発掘が考古学史のうえで注目されるのは、この発掘によって同古墳前方部正面に石室と長持型石棺、そして甲冑・鉄刀、瑠璃《るり》製の杯などの遺物が発見されたことによる。

これらの発掘の成果は、今日二通りの形で伝えられている。一つは絵図面である。森氏も紹介しているが、石室の中で模写したという諸陵寮の柏木政矩による「石棺ならびに石室の図」（図30）が現在八王子市郷土資料館に所蔵され、出土した甲冑の図も個人蔵として伝えられている。この図によれば、石室は東西およそ一丈二〜三尺くらい、南北およそ八尺くらい、石棺は長さおよそ八〜九尺くらい、幅四尺八寸である。

もう一つは出土品である。アメリカ合衆国のボストン美術館には、仁徳天皇陵からの出土品とされる銅鏡と鈴が所蔵されている。日本でも、近年平成八年（一九九六）の大阪府立近つ《ちか》飛鳥《あすか》歴史博物館の春季特別展「仁徳陵古墳——築造の時代——」に際して展示された。ボストン美術館がこの銅鏡と鈴を所蔵するにいたった経緯は不詳であるが、たしかに仁徳天皇陵からの出土品であるならば、この明治五年（一八七二）の発掘の際のものと思われる。

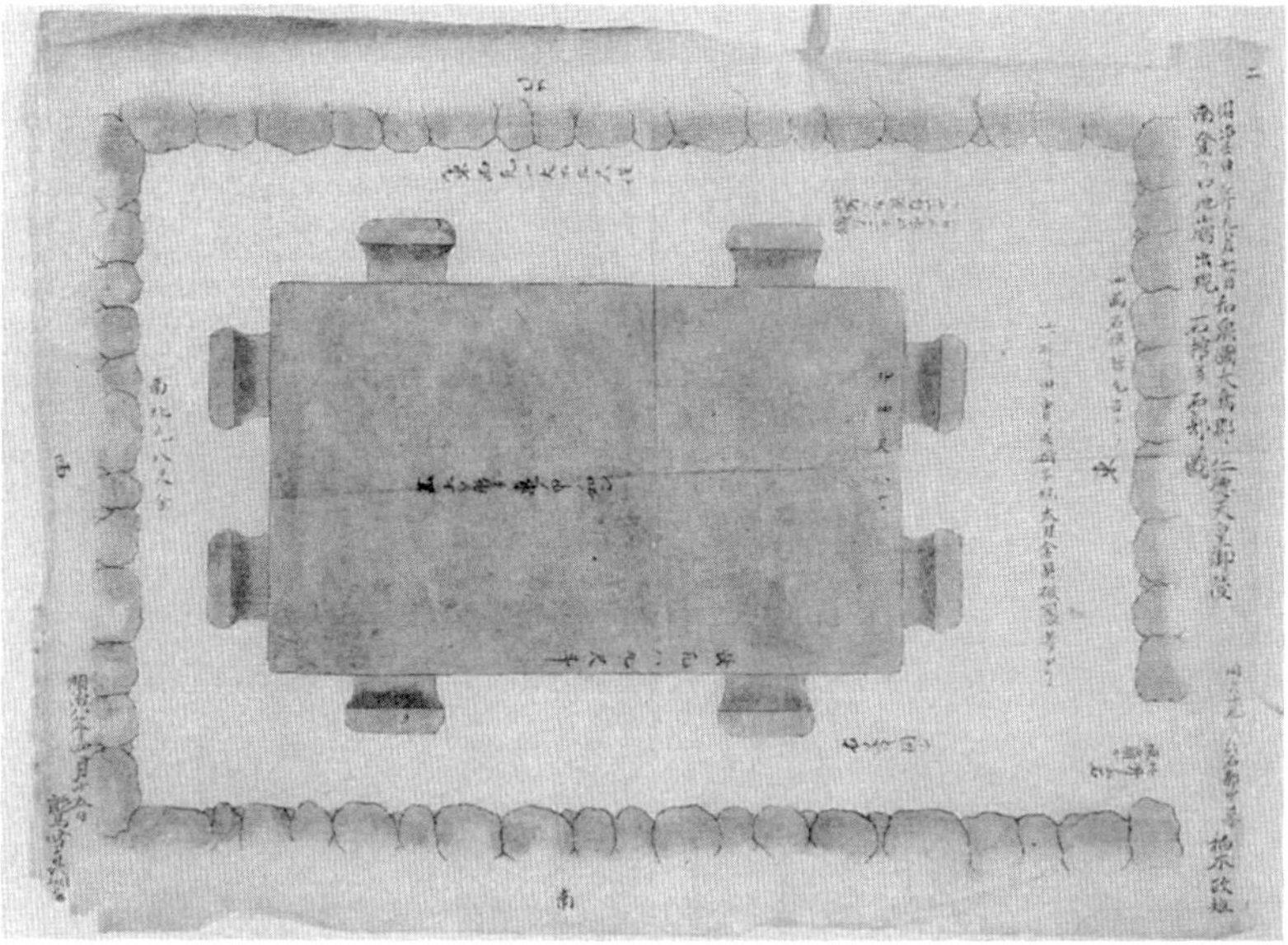

図30　柏木政矩による仁徳天皇陵石棺・石室図（明治５年，八王子市郷土資料館所蔵）

しかし、森氏が税所による仁徳天皇陵前方部発掘について述べる際に特徴的であるとしていることは、その発掘がある名分によってなされたことである。それは、明治五年九月に堺県令税所篤ほかから教部卿嵯峨実愛《さがさねなる》・教部大輔宍戸璣《ししどたまき》に宛てた文書に「仁徳帝御陵の義、諸鳥の巣窟と相成り、汚穢不潔の姿に立ち到り候処より、鳥糞取り除き清潔行き届き候様仕りたく」とあることからよく窺える。つまり、仁徳天皇陵の墳丘に鳥が巣を造り糞をして汚れて不潔なので「掃除」したい、というのである。

鳥糞と仁徳天皇陵

陵墓と鳥糞というと突飛な取り合わせのようにもみえるが、少なくとも明治初年にあっては決してそういうことはない。それは、右に述べたように陵墓が「汚穢不潔」になってしまうからというようなことからではなく、鳥や鳥糞が樹木を傷めて困るという見地からである。一般に巨大古墳の墳丘は周辺の村落にとっては山林として貴重であり、それが鳥や鳥糞によって損なわれることは、村落にとって由々しき事態であった。そしてそのことは、この仁徳天皇陵にあっても同じことであった。この鳥糞の「掃除」は「村落と陵墓」の章で取り上げた周辺の村落による陵墓の「掃除」と同じ性格のものと考えられる。

さらに、鳥糞と仁徳天皇陵の周濠の関係についてみることにしよう。中井正弘氏は、慶応元年（一八六五）十二月に周辺にある舳松《へのまつ》村・中筋《なかすじ》村が狭山池の余水の引き取りを願った文書のなかに、「夥《おびただ》しく諸鳥相集り、鳥糞右御山陵ならびに池中へ落ち込みこれ迄とてもはなはだ見苦しく」とあることを紹介している。たしかに仁徳天皇陵には、鳥がよく集まり糞も多く落としていたのである。

また税所篤による発掘の翌年の明治六年（一八七三）五月のことになるが、仁徳天皇陵の鳥糞はこれまで大坂天満河内町の榎本半七に売り渡されてきたが、半七が売り捌《さば》けない旨断ってきたので、払い下げを申し出るものに売り渡すことの許可を求める文書が『大阪府庁文書御陵墓願伺届』（宮内庁書陵部所蔵）に収められている。仁徳天皇陵の鳥糞はこのころ肥料として払い下げられ、売り捌かれていたのである。そうしてみると、税所が鳥糞を「掃除」したいと申し出たこと自体は、決して不自然なことではない。

税所篤の仁徳天皇陵発掘

しかし、問題はその「掃除」の内容である。右にみた明治五年九月の教部卿宛ての文書の続きには、「掃除取掛り候折、御陵内掃除の路筋、高さ四間ばかりの所に至り、大なる盤石の傍に小石等これあり取り払い候処、右大石の下空穴にてのぞき見候処、甲冑ならびに剣その外陶器類かつ広大の石櫃《いしびつ》これあり、一面の石蓋にて何れも貴重品と見請け、早速掛りの者より届出、早々出張、現場相改め候処、申し出通り相違なく、依て空穴の義はすなわち厳重閉塞致し置き候」とある。たかが鳥糞の「掃除」に小石などを取り払ったうえで、穴を覗き込んで甲冑・剣・陶器、はては「石櫃」を見つけたというのである。これは森氏の指摘するとおり、鳥糞の「掃除」に名を借りた計画的な発掘以外の何ものでもないであろう。

さてここで振り返って考えてみると、なぜ税所がこの発掘を計画したのかという疑問につきあたる。もちろんこの発掘を、税所自身の個人的な考古趣味のあらわれという見方から解することもできるであろう。事実税所の考古癖はこれまでにもしばしば指摘されており、松岳山《まつおかやま》古墳（大阪府柏原市国分）と長持山《ながもちやま》古墳（同藤井寺市沢田）の発掘も税所が手がけたものという。このような税所の一連の発掘を評して考古学者梅原末治は、「税所県令の発掘は、単に遺物の蒐集を目的として自己の考古癖を満足せしめるにあり、引いて権勢を利用して無理を敢てして顧みなかった為に、一方には遺跡の破壊となり他方では地方に保存せられた資料を散佚する悪い結果のみを将来して何等の学問的な業績をのこすに至らなかったのは悲むべき事実である」と述べる。

とはいっても、この鳥糞「掃除」に名を借りた仁徳天皇陵前方部の発掘を、すべて税所の個人的資質に帰して考えてしまってよいのであろうか。ここでみているように、明治前期にあっては陵墓をめぐる問題はたんに中央政府の問題というばかりでなく、各地方にあっても重要な問題であった。ここでみた税所も地方官僚のひとりである。税所が関心を示した古墳が日本最大の仁徳天皇陵（大仙陵山古墳）であっても、それは地方官僚による動向として捉えられるべきである。そうしてみると、あたかもこの税所篤の例に対応するかのように、陵墓に対して執拗なまでの関心を示した長州藩出身の群馬県令（熊谷県権令・県令）楫取素彦の動向も、同様な視点で注目されよう。

楫取素彦と豊城入彦命墓

これから述べる楫取素彦は、陵墓をめぐる一連の動向のなかではこれまであまり注目されてこなかった人物であろう。

楫取素彦

楫取素彦（一八二九〜一九一二）は長州萩の医家松島家に生まれ、後に小田村家の養子となり、長州戦争での活躍の後、慶応三年（一八六七）十二月の王政復古の大命に出京し、同年九月に自ら楫取素彦と名乗った。明治五年（一八七二）八月に足柄《あしがら》県参事になってから、明治七年（一八七四）七月に熊谷県権令となり、同九年（一八七六）四月熊谷県令、同年八月から明治十七年（一八八四）三月まで群馬県令であった。

さて楫取は明治初期の熊谷・群馬県政全般の指導者として著名であるが、文化財行政の面でも功績があった。たとえば、多胡《たご》碑・金井沢《かないざわ》碑・山名《やまな》碑のいわゆる上野《こうずけ》三碑の保存をめぐって、明治八年から同十七年にかけて内務省と掛け合って雨覆・木柵・標柱を設けるなどその整備を成功させたことはよく知られているが、古墳の調査についても力があった。明治十四年（一八八一）から翌年にかけて県内の古墳から遺物が発見された際、内務卿・農商務卿に上申してその処置方法の指示を仰ぎ、人骨・古銭を除く遺物が帝室博物館に差し出されたのである。

しかし楫取は、それを何年かさかのぼるころからすでに古墳に大きな関心を示していた。県内の古墳を陵墓として認めさせるべく、盛んに政府に対して運動していたのである。それは、崇神天皇皇子豊城入彦命《とよきいりひこのみこと》の墓であった。

上野国と豊城入彦命

豊城入彦命は、江戸時代までは上野国《こうずけのくに》といい、明治期には熊谷県なり群馬県といわれていたこの地域とどのようなゆかりがあるのであろうか。

『日本書紀』には、崇神天皇の命による夢占いの結果、兄の豊城入彦命は東方に向かい、弟の活目尊が皇位を継承し垂仁《すいにん》天皇となったという説話や、豊城入彦命が上毛野君《かみつけののきみ》・下毛野君《しもつけののきみ》の始祖とされることが載っている。そして『新撰姓氏録』には、上毛野朝臣《あそん》（上野国の地名による。以下同じ）・池田朝臣（上野国那波郡池田郷）・上毛野坂本

表7　『上毛古墳総覧』にみる豊城入彦命墓

利根郡薄根村下沼田	二子塚前方後円墳
利根郡久呂保村森下	御門古墳
勢多郡宮城村赤城山御料地	櫃石
勢多郡粕川村室沢	井之口円墳
勢多郡荒砥村西大室	前二子山前方後円墳(本書でいう前二子山古墳)
群馬郡久留馬村十文字	朝日塚前方後円墳
群馬郡車郷村和田山	桜塚円墳
群馬郡総社町植野	二子山前方後円墳(本書でいう総社二子山古墳)
前橋市天川町	二子山前方後円墳
佐波郡殖蓮寺八寸	権現山円墳
新田郡生品村市野井	八幡円墳

朝臣（上野国碓氷郡坂本郷）・佐味朝臣（上野国緑野郡佐味郷）・大野朝臣（上野国山田郡大野郷）といった、上野国にゆかりを持つ豊城入彦命を祖とする氏族が少なからずみられるのである。

右のような背景のもと、群馬県内には豊城入彦命墓との伝承がある古墳が多い。ここで『上毛古墳総覧』（昭和十三年）からその例を挙げると、表7のとおりである。何と一一もの古墳等に豊城入彦命の墓とする伝承がある。

このうち楫取の動向との関連という点では、総社二子《そうじやふたご》山《やま》古墳（前橋市総社町植野《うえの》）と前二子山《まえふたごやま》古墳（前橋市大室町）が重要であり、以下この二つの古墳をめぐって述べることにしたい。

江戸時代の総社二子山古墳

総社二子山古墳は、すでに江戸時代の学者によってしばしば取り上げられている。

奈佐勝皐《なさかつたか》『山吹日記』の天明六年（一七八六）五月十一日条は、総社二子山古墳周辺の地名に注目して「いにしへ三諸別王《みもろわけ》（引用註―御諸別王）このくにゝくたりてよゝこゝに住給ふ。今も王屋敷とよへる所あり。わう友、わう馬塚なときこゆる皆いにしへを残せるなるへし」と、地名を拠りどころに豊城入彦命の曾孫の御諸別王との由縁をたどっている。

また吉田芝渓《しけい》『上毛上野古墓記』（文化七年〈一八一〇〉）は、古墳の形態、羨道《せんどう》の有無、また文献の記載によりつつ、愛宕山《あたごやま》古墳（前橋市総社町総社）を豊城入彦命墓、総社二子山古墳を豊城入彦命の葬具を埋納した塚、宝塔《ほうとう》山古墳（同）を彦狭島《ひこさしま》王墓、蛇穴《じやけつ》山古墳（同）を御諸別王墓とする説を述べている。

そして総社二子山古墳は、文政二年（一八一九）に墳丘上の墓地への埋葬に際して出土品が発見されてから、豊城入彦命と結びつけて考えられる傾向が顕著になり、文政十年（一八二七）には「豊城入彦命正三位刑部卿藤原朝臣貞直謹書」と刻された碑が立てられている。

明治期の総社二子山古墳

さて明治二年（一八六九）三月十五日には、松平大和守公用人鎌田才吉が京都で弁事御役所に書類を差し出し、総社二子山古墳を豊城入彦命墓として修陵・祝典することの委任を求めている。そこで総社二子山古墳を豊城入彦命墓とする伝承について述べた後で「その形跡と口碑と古書に存する処と疑なく符合仕り候に付き、取り敢えず仮に柵門等を構ひ小民共不礼仕ざる様厳重申し付け置き候」と古墳の整備について見通しを立てたうえで、「今般改て神陵（引用註―総社二子山古墳）修覆慎で祭祀仕り」たい、という。ここに、総社二子山古墳は「神陵」と表現されるにいたったのである。

その後明治六年（一八七三）には、博覧会事務局より総社二子山古墳からの出土品の出品依頼があり、群馬県はそれに応じて「環大小弐ツ」「矢ノ棺《(マヽ)》弐本」「勾玉の類四ツ」「剣の由朽折《くちおれ》拾五」「古器八ツ」を出品した。その際博覧会事務局は総社二子山古墳について、総社二子山古墳を豊城入彦命墓とする伝承の存在を認めて「土俗、豊城入彦命の陵と云い伝え」としながらも、一方では「自《おのずか》ら伝聞に拠るの誤りとこれあるべきか」ともしており、同古墳を豊城入彦命墓と認めるかどうかについては慎重な姿勢を保っている。

豊城入彦命墓としての総社二子山古墳

ところがついに、総社二子山古墳は公式に豊城入彦命墓と認められたのである。明治七年（一八七四）十月に、熊谷県は総社二子山古墳を豊城入彦命墓として教部省に申し立て、翌明治八年（一八七五）一月には、教部省から現地での豊城入彦命墓の管理人として墓掌《ぼしよう》・墓丁《ぼてい》を置く旨が達せられており、同年三月には福嶋友吉が墓丁に任じられたのである。

そして明治八年八月と十月には、熊谷県は教部省に対して総社二子山古墳を豊城入彦命墓としてふさわしく竹垣を新築することを伺っている。そして翌年の明治九年（一八七六）三月には、総社二子山古墳は「官有地第一種山陵之部」に編入されたのである。

陵墓管理を解かれた総社二子山古墳

しかしこの後、総社二子山古墳は豊城入彦命墓としての管理を解かれることになる。まず、明治九年五月二十七日には先にみた福嶋友吉が墓丁を免ぜられた。そして同年十二月二十日に群馬県令楫取素彦から教部大輔宍戸璣《ししどたまき》に宛てた「豊城入彦命御墓之儀ニ付伺書」には、以前に伺った総社二子山古墳の豊城入彦命墓としての営繕も「植野村豊城入彦命御墓（引用註―総社二子山古墳）の儀は本年（明治九）六月六日付を以て御詮議の次第これあり、木柵修繕等暫時見合すべき旨御達これあり」とされたのである。ここに総社二子山古墳は、豊城入彦命墓ではなくなってしまったのである。いったいこれはどうしたことなのであろうか。

明治十五年（一八八二）三月に植野《うえの》村戸長山田米造が群馬県編輯係に提出した「上野国祖豊城入彦命縁起西群馬郡植野村」（宮内庁書陵部所蔵）は、この問題について「明治八年三月中墓掌・墓丁二名役仰せ付けられ罷《まか》り在り候処、右墓掌年給金七十二円也、墓丁年給三十六円也御下げ渡しに相なり候、明治九年連中上《（ママ）》にて不都合相発差□《（ママ）》に付き、同年五月中辞職に相成り候間当村吏へ御預けに相成り候処、明治十四年十二月に至り迄《（ママ）》当今更に手当等これ無く御座候」とする。これによって、豊城入彦命墓の管理人として墓掌・墓丁の二名が任じられていたことと、なんらかの不都合によってこの墓掌・墓丁が廃されたことがわかる。

　さらに明治三十一年（一八九八）の八木奘三郎《しょうざぶろう》「日本古剣考」はこの間の事情をより詳しく説明して、「最初もっとも熱心に奔走調査せるは当時同寺（引用註―元景寺《げんけいじ》）に住職たりし人にて、一時官より賜金をさへ下されし程なりしも後寺僧漸次に代り、また年隔たりて右の古器物（引用註―文政三年五月に届け出た総社二子山古墳の出土品）は売却され、一方には村民その賜金を各自に得んと欲せしより遂に支途を止められ、今日の如き有様に至れるなりと云ふ」と述べる。これは同年春に八木が自ら総社二子山古墳を訪れた際の記録と思われるが、これによって墓掌・墓丁の廃止がなんらかの金銭トラブルによるものであることが察せられる。

　そして『総社町誌』（昭和三十一年〈一九五六〉）ではさらに突っ込んだ説明がある。すなわち「明治九年（一八七六）には宮内省より墓掌年給七十円《（ママ）》、墓丁年給三十六円が下がっているが、この金をめぐり、従来古墳の保存に尽力して来た人々の間に紛糾があり、墓掌、墓丁も辞職をするなどが起り自然解消のやむなきにいたった」という。ここに総社二子山古墳の豊城入彦命墓としての管理が解かれた理由が、墓掌・墓丁に支給された給金に端を発するものであることがわかる。

つまり総社二子山古墳が豊城入彦命墓としての管理を解かれた理由は、総社二子山古墳が豊城入彦命墓ではないことが証明されたためではないのである。同じ陵墓としての管理が解かれた例としても、「天武持統天皇陵の改定」の章でみた、見瀬丸山古墳が天武持統天皇陵ではないことが証明されたために陵墓としての管理が解かれたのとは、およそ趣を異にするものである。

前二子山古墳に集まった人々

豊城入彦命墓としての管理を解かれた総社二子山古墳に次いで、豊城入彦命墓として注目を集めたのは前二子山古墳であった。この前二子山古墳は、中二子山古墳・後二子山古墳とともに大室《おおむろ》古墳群を形成する（図31）が、これらの古墳が豊城入彦命墓との関連で注目されるようになったのは、明治十一年（一八七八）二月から四月にかけての発掘以降のことである。

この前二子山古墳の発掘については、大室古墳群に接する西大室村の井上真弓が明治十一年四月十四日に菅政友《かんまさとも》に宛てた書簡に、次のような興味深い記述がある。
去る二月下旬真弓帰国せし処、彼の二児山（引用註―前二子山古墳）に参集する者毎日数十人、皆いふ豊城入彦命御陵なりと、これより先県吏出張の時この山を見てこれは管内第一等の墓陵なりといひしとて故にかくの如くいひそめしか、村吏県の許可を得て二月下旬彼山を開発せむとす、時に参集するものまた増して毎日数百人、三月二十一日より四月一日までに三山を開発す、その間参集するもの毎日数百人

これによって、この前二子山古墳の発掘が、群馬県の指示に従った西大室村の官吏によってなされた計画的なものであったことがわかる。それにしても、二月下旬から毎日数十人が集まって「豊城入彦命御陵なり」と口々に言い合い、発掘に当たって「毎日数百人」が前二子山古墳に集まったというのであるから驚かされる。

前橋市西大室町の根岸孝一家文書（群馬県立文書館寄託）の「古墳神器拝礼人名誌」は、この年の四月から翌年の六月にかけて前二子山古墳を訪れた人々の人名録であるが、ここには群馬県内から四六三一名、関東各県や長野・新潟・石川・山梨・福島・愛知・滋賀県などの県外から五四八名、計五一七九名の名前が記されている。表題に「神器拝礼」とあるのも、このように多くの人々が前二子山古墳に集まったのが、そこにある「神器」を期

図31　大室古墳群（『群馬県史』）

手前より前二子山古墳，中二子山古墳，後二子山古墳．

待してのことであったことをよく示すものと解される。

そして、同じ根岸家文書の「明治十一年二月二子山日記」の同年二月一日条には「本県より御出張に付き吉田嘉蔬様外に一名二子山丈量《じょうりょう》（引用註―測量）申し付け也」とあり、また二月二十五日条には「前橋警察署より弐名御出帳《ママ》相成り候」とあり、さらに発掘の経費として二月中には計二円六五銭、三月中には計四円四三銭二厘が記録されている。このような記述から、この前二子山の発掘が、きわめて計画的なものであったことは明らかである。

しかし、井上自身の眼差しは冷静である。右にみた書簡でも井上は「これ実に豊城入彦命の御陵ならむも知るべからず」と述べ、菅政友に「室の大なると土器の奇なるを以てその大略の図面を書写し御送り申し上げ候間、何卒考証成し下され度く存じ奉り候」と、「御陵」かどうか考証してほしいと依頼しているのである。

宮内卿への上申　さて発掘直後の明治十一年（一八七八）三月三十一日に西大室村戸長根岸重次郎は、前二子山古墳の石室内の様子や遺物を図面にした『室内出品書上簿』を群馬県県令楫取素彦に宛てて提出している（図32）。群馬県はこれを受けて、同年四月付で宮内卿徳大寺実則に宛てて「管内古陵墓の儀に付上申」を提出した。

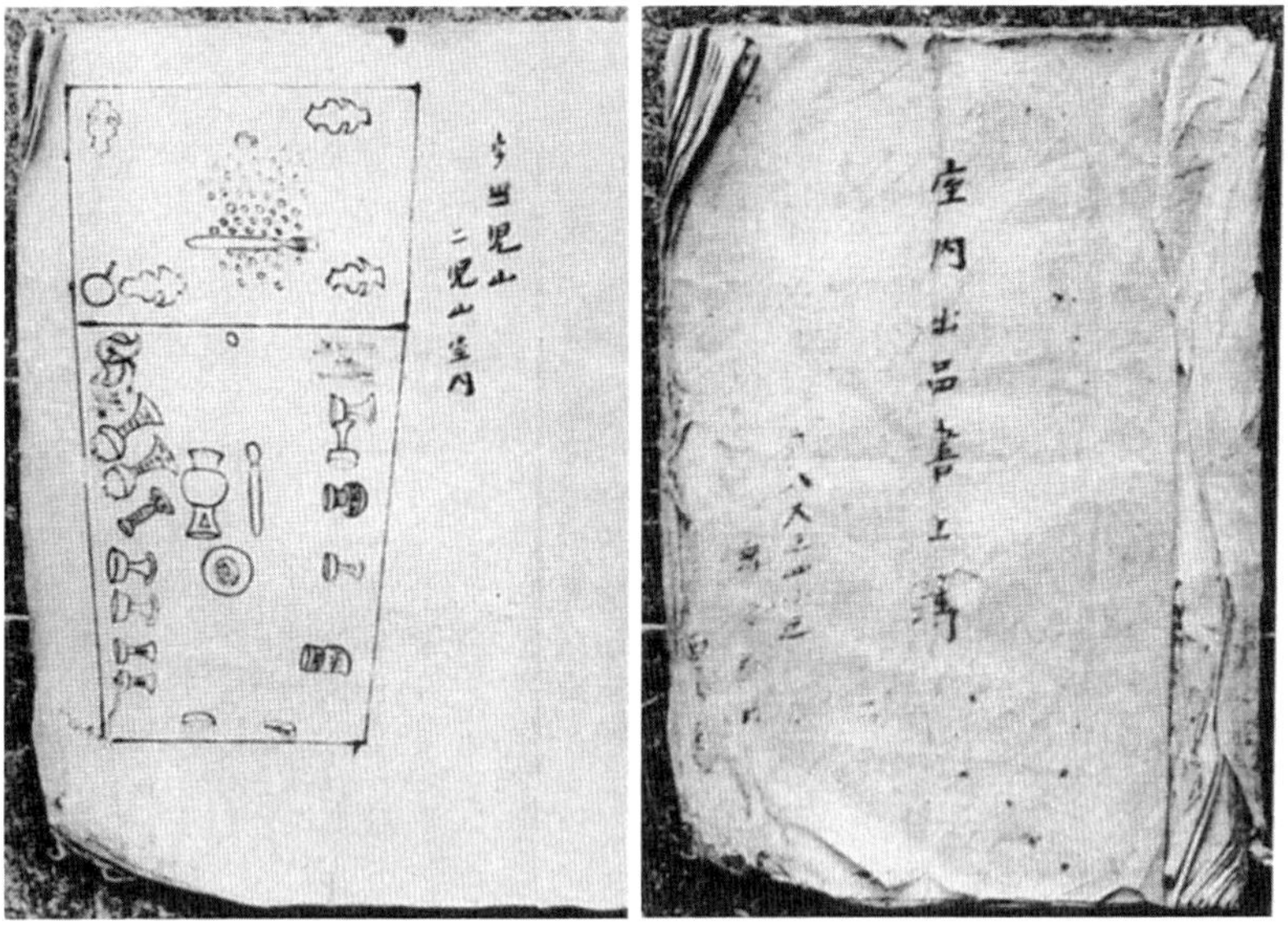

図32　西大室村による『室内出品書上簿』(『群馬県史』)

この「管内古陵墓の儀に付上申」は、まず大室古墳群の中央にある中二子山古墳とその被葬者について「なかんづく中陵（引用註―中二子山古墳）最も高大、土人等従来御諸別《みもろわけ》王の葬壙《そうこう》なりと称し来り候」としている。そのうえで発掘が行なわれた契機について「本年（明治十一年）三月村民南北二陵（引用註―前二子山古墳・後二子山古墳）上に於て狐狢《こかく》の巣穴《そうけつ》を穿ち、偶然石窟を掘出せり」と、この発掘が偶然の機会になされたものとするのである。そして「南陵」、つまり前二子山古墳の石室については「窟口より奥迄六丈三尺また三段の閾《しきい》これあり、第二の閾に石扉あり、その深大にして奇古なる全国中の諸陵に類するものなし」と、その特殊性を強調する。そして出土品についても、「杯《つき》・瓼《さらけ》・瓮《もたい》・壺《つぼ》の土器十七品、古鏡一面表裏とも錆腐《さびくさ》れ、また青丸玉三百顆《か》、純金の小環一箇、槍鉾二本および鑣《くつわ》・鐙《あぶみ》の類数品掘し候、窟奥只土砂の朱に染り候物二石余これあり、蓋棺の内外共に朱砂を以て塡実《てんじつ》するものにてこれあるべし」と、その成果が甚大であったとするのである。

さらに「管内古陵墓の儀に付上申」は続けて「明治七年入県以来豊城入彦尊御墓認索の為、しばしば官吏派遣全国の諸陵大抵取り調べ候所、すべてこの三陵の右に出るものこれなく」という。ここに「明治七年入県以来」というのは、明治七年（一七八四）七月に楫取が熊谷県権令となってからということで、それ以降県内に官吏を派遣して豊城入彦命墓を探していたというのである。とすればここにはまったく記されてはいないものの、右に述べた明治八年（一八七五）から翌年にかけて総社二子山古墳が豊城入彦命墓であった一連の経緯も、これに含めて捉えることができるものである。

この「管内古陵墓の儀に付上申」は宮内卿徳大寺実則に宛てられたものであるが、楫取は宮内卿に何を求めたのであろうか。この点について「今般更に窟《くつ》内《ない》の結構および出品等詳細検査候所、南陵（引用註―前二子山古墳）は豊城入彦尊の御葬壙にして、中陵（引用註―中二子山古墳）は土俗の称え来り候通り果して御諸別王の葬壙にもこれあるべく候間、至急御検査何分の御指揮これあり度く、これに依り別紙図面三葉相添えこの段上申候也」という。つまり、中二子山古墳（「中陵」）は土地の伝承のとおり御諸別王の墓と思われるが、石室や出土品をよく調べたところ前二子山古墳（「南陵」）は豊城入彦命墓に違いないので至急検査をしてほしい、というのである。地域には中二子山古墳（「中陵」）を御諸別王墓とする伝承はあるが、前二子山古墳（「南陵」）を豊城入彦命墓とする伝承はない。それにもかかわらず前二子山古墳を豊城入彦命墓として認めさせようとしたところに、県令楫取の強力な意思が表われている。

それでは宮内省は、このような県令楫取の動向にどのような対応をしたのであろうか。

先にみた「管内古陵墓の儀に付上申」に対応して、宮内省はさっそく四月二十四日に「追て実地検査の上何分相違すべく候状、該古墳の儀は従前のまま差し置させ候様取り計らうべき事」と指令している。

前二子山古墳豊城入彦命墓と認められず

そして明治十一年（一八七八）九月三日には前二子山古墳からの出土品は、いわゆる北陸・東海巡幸の途次前橋で天覧に供せられた。

さらに、十月二十二日には宮内省の官員が群馬県内の「御墓検覈《けんかく》（引用註―調べて明らかにすること）」に出張する旨達せられ、六等属大沢清臣《すがおみ》と十等属大久保忠保が群馬県に出張している。このうち大沢については、すでに「戸田忠至と文久の修陵」の章で忠至によるる陵墓巡検に加わったひとりとして、また「天武持統天皇陵の改定」の章でも、「天武持統天皇陵所在考」の著者のひとりとしてふれたところである。この二名はこの出張の報告書として明治十一年十一月二十日付で「群馬県下古墳巡回記」を著わした。そこでは群馬県の前二子山古墳をめぐる主張について、どのような判断が下されているのであろうか。次のとおりである。

三箇ならべる中央の大古墳（引用註―中二子山古墳）すなはち御諸別王の御墓にして北南なる二塚（引用註―後二子山古墳・前二子山古墳）はその御一類の御墓ならん、群馬県上申（引用註―「管内古陵墓の儀に付上申」）に中央なるはある説の如く御諸別王の御墓、南方なるは豊城入彦命の御墓なること疑なしと云へれどもその地勢を熟視するに、北方なるは少々高低ある地に造り南方なるは一層卑《ひく》き地に造り中央なるは全く平坦の地に造れるはその正位を領《おさめ》たるに似たり、しかのみならずその三墓の状、北なるも南なるも皆中央の二児山に陪侍《ばいじ》せるが如くなるも、南塚の豊城入彦命の御墓ならざる一証なり

つまり群馬県による「管内古陵墓の儀に付上申」は、中二子山古墳を豊城入彦命の曾孫の御諸別王墓とする伝承をもとに前二子山古墳を豊城入彦命墓とするが、地勢をみると、北の後二子山古墳は少し高低のある地に、南の前二子山古墳はいっそう低い地にあり、それに対し中央の中二子山古墳は平坦地にある。全体として北と南にある後二子山古墳・前二子山古墳は中二子山古墳に従っているようで、最もよい地を占める古墳が豊城入彦命墓でなく曾孫の御諸別王墓であるわけはない、というのである。さらに右の引用に続けて「またその隧道《ずいどう》は小石を以て積累《つみかさ》ねて麁踈《そそ》（引用註―粗雑、ぞんざい）なる状《かたち》したるもこの

皇子の御墓ならざる証とするに足れり」と述べて、前二子山古墳の石室などは「麁陋」なものであると、前二子山古墳は豊城入彦命墓ではないと判断している。

ただし、この「群馬県下古墳巡回記」の内容が考古学的に当を得たものであったのかどうかは、また別の問題である。岸田治男氏は、近年、大室古墳群の築造の順序が、前二子山古墳、中二子山古墳、後二子山古墳の順であることや、前二子山古墳の石室等が決して「麁陋」なものではないことが判明したことを紹介して、この大沢・大久保の報告書を乱暴で誤謬に満ちた議論と評価している。

とはいうものの、この明治十一年当時の宮内省官員の判断に、現代の考古学の水準を重ね合わせることもできないであろう。この大沢・大久保による宮内省の官員としての判断そのものと、それが現在の考古学的知見に照らして妥当であるかどうかとは、別の問題として考えられなくてはならない。ここではこの「群馬県下古墳巡回記」を、明治年間の宮内省官員による陵墓の実地調査の報告書の数少ない例のひとつとして位置づけることにしたい。

明治期の陵墓

県令と陵墓

ここにみた総社二子山古墳・前二子山古墳をめぐる一連の経緯からは、楫取素彦の陵墓に対する執拗なまでの関心が明瞭に浮かび上がってくる。しかも楫取素彦は、総社二子山古墳が不都合なら前二子山古墳ではどうか、という姿勢を言外に滲《にじ》ませながら、この問題に取り組んでいるのである。楫取がそれほどまでに陵墓に執着したのはなぜなのであろうか。税所篤の場合と同様、今のところそれを直接示す史料には恵まれていない。

それにしても、明治前期に税所・楫取の二人の県令（権令）がともに陵墓に強い関心を示したのには、どのような背景があるのであろうか。税所・楫取それぞれの個人的な性向という点ばかりでなく、このような地方官僚にも、陵墓をめぐる動向について関与する余地があったという点が重要である。以下ここに論点を求めて、明治期における陵墓のあり方についてさらに考えることにしたい。

地方の陵墓問題

さて、このような陵墓をめぐる地方官僚の動向が明治期に入ってから顕著になったのはなぜであろうか。本書でも縷々述べてきたとおり、地方にある陵墓をめぐる伝承はすでに江戸時代から幕府や識者に注目されてきており、そのようなこと自体明治期に入ってからの目新しい特徴ではない。それが改めて中央政府から任命された地方官僚の注目する所となったのには何か理由があったのであろうか。

それは、文久の修陵までは主に天皇陵のみが決定・修補の対象であったのに対して、明治政府の場合は、天皇・皇后の以外の皇族、つまり后妃・皇子・皇女ら皇族の墓をも含めるものに陵墓政策の対象が拡大したことによると思われる。明治政府が頂点に天皇を戴くものであって、皇室の祭祀体系が重要な政治的懸案になり得る以上、このような陵墓政策の対象の拡大は極めて当然である。そして現実には、天皇以外の皇族の墓は、必ずしも文献からその墓の所在地を明確にすることができない場合も多い。だとすれば、地方にある陵墓伝承を政府が網羅的に把握して、そのなかで史実として認定できるものについては陵墓として管理して、皇室の祭祀体系に組み込む必要がある。そのためにはどうしても地方官僚の力に頼らざるを得ない部分が生じる。また地方官僚としても、自らの領域にある陵墓や古墳に関心を示す場合もでてくるのである。基本的には、このようなところに地方官僚が政府の陵墓政策に関与する余地が生じるようになった要因が求められると考えられる。

いずれにしても天皇にせよ皇族にせよ、その陵墓の所在地が不明のままであることは、皇室の祭祀体系を完成させようとする政府にとっては、都合がよいことではなかった。

明治四年（一八七一）正月に神祇《じんぎ》官諸陵寮から神祇官へ宛てられた「后妃皇子皇女御陵墓取調べ方御布告伺」には「御歴代御陵すら恐れながら未詳の御場所もこれあり、況《いわ》んや右御方々（引用註―后妃・皇子・皇女）陵墓は数ヶ所の儀に付き即今某国某郡と申す事さへ申し上げ兼《か》ね候御場所もこれあり」とある。皇室の祭祀体系の完成のために、早急にすべての陵墓の所在地を確定しなければならないという焦燥感がここによく表われている。そしてそのためには、地方にあるのではないかと思われる陵墓をも、陵墓政策の対象としなければならなかった。これ以降、政府は陵墓に関する政策を全国規模のものとして現実に展開することになる。

明治四年二月の「太政官布告」

さて明治四年（一八七一）二月には、右にみた神祇官諸陵寮による「伺」を受けて「太政官布告」が出された。これは、全国の府・藩・県に対して后妃・皇子・皇女らの陵墓があるかどうかについて、「兆域図面」「石碑・石塔・位牌類」「祭日」「社人・僧侶或は村方にて守護方等の区別」「古文書・古器・款識《かんしき》（引用註—金属や石に刻まれた文字。金石文《きんせきぶん》）ならびに古老の遺説」「除地《よけち》（引用註—年貢・諸役のかからない土地）・田園（引用註—田畑・耕作地）等の原由」の各項目に分けて回答を求めたものである。

この「布告」は全国の府・藩・県に行き渡ったと思われるが、府・藩・県からの回答も必ずしも思わしいものではなく、また具体的な回答があっても、政府としてもそれをそのまま受け入れて陵墓としてすぐさま決定できるわけでもなかった。全国各地に散在するであろう陵墓を、どのようにしたら把握できるのか。政府の模索は続いたであろう。

そして明治八年（一八七五）二月には、当時陵墓に関する事務を管掌していた教部省の官員が、陵墓の調査を目的として全国に出張することになった。明治四年二月には、各府藩県に対して文書による回答を求めていたのが、この段階になって、実際に官員を現地に派遣する方式に改められたのである。皇子・皇女墓の多くは、この年になってようやく決定することになる。

ここでこのような、陵墓をめぐる政策における政府と地方の関わりのひとつひとつについて具体的に述べるゆとりはない。しかし、政府がこの時期、地方にも充分な目配りをしなければ、陵墓に関する政策を展開できなかったということは、充分みてとれたであろう。右にみた税所・楫取の二人の県令（権令）の動向の背景には、およそこのような政府による陵墓政策の推移があった。もちろん先にも述べたように、税所と楫取の二人の個人的な性向も与《あずか》って余りあったことには違いないであろうが、ここにみた政府による陵墓政策の地方重視という傾向、そしてそのようにならざるをえなかった諸々の経緯こそ、明治期の陵墓をめぐる動向の大きな特徴といえるのである。

陵墓・古墳研究の流れ——エピローグ

本書を終えるに当たって、陵墓・古墳をめぐる研究の流れについて若干の展望を述べておきたい。

陵墓の歴史

ここでこれまでの各章で述べてきた内容について繰り返すことはしないが、一言で本書での主張を述べれば、陵墓・古墳にはそれぞれがたどってきた独自の歴史がある、ということである。考古学や古代史による陵墓・古墳を対象とした研究が、築造当初の姿に主眼を置いたものになることは当然であるが、それとても、築造されて以降の変化をも視野に入れなければならないのはもちろんである。ましてや中世史以降の歴史学のうえで陵墓・古墳を捉えようとする場合、たんに陵墓・古墳を古代の遺跡としてみるだけでは足りないのである。陵墓・古墳に対する考え方は時代によって、また同じ時代でも立場によって多様である。また、周辺の村落とのつながりのあり様はきわめて特徴的であり、これにも充分に眼が向けられなければならない。さらに、陵墓・古墳に対する信仰の様相などといった民俗学的な視点も重要である。今日みられる陵墓・古墳の姿は、このようなさまざまな角度から読み解かれなくてはならないのである。

新しい陵墓研究

ところがこれまで、このような角度から陵墓・古墳が取り上げられることはあまりにも少なかったといってよいであろう。もちろん、考古学・古代史の研究では、築造期の陵墓・古墳の姿が古代の遺跡として研究の対象となったが、それはこのような視点による陵墓・古墳の研究とは異なるものであることは、本書のなかで縷々《るる》述べたとおりである。しかしそれにもかかわらず、宮内庁による陵墓管理に主として考古学研究の立場から異を唱える陵墓公開へ向けての運動には、歴史学関係の諸学会も名を連ねたが、この運動の過程で産み出された宮内庁の陵墓管理を歴史的に捉え直そうとする問題提起は、むしろ考古学、あるいは古代史を専攻する研究者によってなされてきたのであった。

しかし近年、このような陵墓・古墳研究をめぐる様相は変化しつつある。陵墓・古墳は、独自の研究の契機をもつさまざまな時代を専攻する研究者によって取り上げられるようになり、しだいに豊かな研究成果が積み重ねられつつある。新たな視点から陵墓・古墳を捉え直す研究が、今後もあい次いで発表されることを期待するものである。

参考文献

＊論旨に直接関連する文献に限った。ただし、本文中ですでにふれた文献については、ここで重ねて挙げることはしなかった。

〔書　籍〕

『水戸藩史料別記上』（大正四年、吉川弘文館）
『大阪府史蹟名勝天然記念物調査報告第三輯―大阪府下に於ける主要な古墳墓の調査（其一）―』（昭和七年、大阪府）
末永雅雄『古墳の航空大観』（昭和五十一年、学生社）
萩原進監修『上野国郡村誌』全十八巻（昭和五十二～平成三年、群馬県文化事業振興会）
斎藤忠編著『日本考古学史資料集成二　明治時代一』（昭和五十四年、吉川弘文館）
星野良作『研究史神武天皇』（昭和五十五年、吉川弘文館）
森浩一『巨大古墳の世紀』（昭和五十六年、岩波新書）
野淵龍潜著・秋山日出雄編『大和国古墳墓取調書』（昭和六十年、由良大和古代文化研究協会）
松井恒太郎編著・下野歴史学会編『宇都宮城主戸田御家記〈復刻版〉』（平成元年、編集工房随想舎）
茂木雅博『天皇陵の研究』（平成二年、同成社）

〔図　録〕

『大阪府立近つ飛鳥歴史博物館図録八　平成八年度春季特別展　仁徳天皇陵古墳築造の時代』（平成八年、大阪府立近つ飛鳥歴史博物館）

〔自治体史〕

『総社町誌』（昭和三十一年。昭和五十五年に国書刊行会より復刻）
『羽曳野市史』（昭和五十六年〜）
『藤井寺市史』（昭和五十七年〜）

〔論　文〕

八木奘三郎「日本古剣考」（『東京人類学雑誌』第一五二号、明治三十一年十一月。昭和五十六年に第一書房より復刻）
戸原純一「幕末の修陵について」（『書陵部紀要』第十六号、昭和三十九年。宮内庁書陵部陵墓課編『書陵部紀要陵墓関係論文集』〈昭和五十五年、学生社〉所収）
春成秀爾「『神武陵』はいつつくられたか」（『考古学研究』第二十一巻第四号、一九七五年三月）
中井正弘「伝仁徳陵古墳の周庭帯と陪塚について」（『考古学雑誌』第六十三巻第一号、昭和五十二年七月）
中井正弘「伝仁徳陵（大山）古墳の幕末〝修陵〟工事をめぐって」（『古代学研究』第九十八号、昭和五十

七年十一月）
大平聡「公武合体運動と文久の修陵」（『考古学研究』第三十一巻第二号、昭和五十九年九月）
田嶋亘「明治十一年『古墳神器拝礼人名誌』について」（群馬県文書館『文書館だより』第十六号、平成三年一月）
今井堯「帝陵発掘一件の考古学的検討」（『明日への文化財』第三十号、平成三年六月）
増田一裕「山陵図の基礎的考察―大和国山陵図を中心として―」（『考古学雑誌』第八十一巻第二号、平成八年二月）
山上豊「明治二、三〇年代の『陵墓』治定をめぐる一考察―とくに見瀬丸山古墳の『陵墓伝説地・参考地』治定を中心に―」（手塚山短期大学日本文化史学会『日本文化史研究』第二十五号、平成八年七月）
外池昇「間瀬和三郎と戸田家―『文久の修陵』以前―」（調布学園女子短期大学『調布日本文化』第六号、平成八年）
外池昇「天武持統天皇陵の改定」（佐伯有清編『日本古代中世の政治と文化』平成九年、吉川弘文館）
外池昇「宮内省官員による群馬県内の古墳調査―明治十一年『宮内省諸陵掛検註写』―」（調布学園女子短期大学『調布日本文化』第七号、平成九年）
岸田治男「室の大なると土器の奇なるを以て―明治十一年上野国西大室村『甲二児山室内並出品位置之図』成立の周縁―」（群馬県埋蔵文化財調査事業団『研究紀要』第十五号、平成十年三月）
山田邦和・外池昇「『文化山陵図』の一写本」（京都府文化博物館『京都府文化博物館研究紀要朱雀』第十集、平成十年三月）

外池昇「『文久の修陵』における神武天皇陵決定の経緯」（調布学園短期大学『調布日本文化』第九号、平成十一年）

〔翻刻〕
原島陽一・松尾正人「岡谷文書――幕末・明治書翰類（一）（二）――」（国分学研究資料館史料館『史料館研究紀要』第二十四・二十五号〈平成五年三月・平成六年三月〉）

〔調査報告〕
陵墓調査室「畝傍陵墓参考地石室内現況調査報告」（『書陵部紀要』第四十五号、平成六年三月。宮内庁書陵部陵墓課『書陵部紀要所収陵墓関係論文集Ⅲ』〈平成八年、学生社〉に再録）

あとがき

本書では、おもに幕末から明治前期にかけての陵墓をめぐる動向について注目したが、本文でも述べたとおり、これまで取り上げられることがあまりにも少なかった分野である。そのようななかで、私がさきに『幕末・明治期の陵墓』（平成九年、吉川弘文館）を著したのには、考古学や古代史を専攻する研究者による先駆的な研究に触発されて発表したいくつかの論文が、大きな力となった。しかしそれでも、幕末・明治期を研究する視点からの陵墓へのアプローチについて、全面的に暗中摸索の状態のままで今日まで研究を続けてきたのではない。これまでの研究を踏まえたうえで、今後の動向について私なりの見通しを述べて、あとがきにかえることにしたいと思う。

まず第一に文久の修陵をめぐる問題である。文久の修陵は、いまだ幕末政治史のなかに正当に位置づけられているとは言い難い。幕末政治史を叙述するいわゆる通史・概説のなかで、文久の修陵を取り上げているものがいかに少ないことか。ここで文久の修陵が幕末政治史に位置付けられるために必要な解決されるべき事柄を、思いつくままに挙げてみたい。文久二年当時の極めて錯綜した政治情勢のなかで、なぜ宇都宮藩は「修陵の建白」を幕府に差し出したのか。また、間瀬《まなせ》和三郎改め戸田忠至《ただゆき》は文久の修陵にどのような思惑を持って推し進めたのか。また朝廷にあって声高に攘夷を唱える公家たちは、神武天皇陵や陵墓一般にどのような政治的な役割を期待したのか。これらはいずれも、避けて通れない課題である。

第二には、明治政府の陵墓政策をめぐる問題である。これにはおよそ二つの視点からの取り組みが考えられよう。

ひとつは、明治政府による皇室の祭祀体系の整備とのかかわりである。これについてはすでに武田秀章氏によって緻密な研究が積み重ねられており、今後の展開が期待される。

そしてもうひとつは、本文でも述べたところの地方の陵墓問題である。明治政府が皇室の祭祀体系の整備を貫徹しようとすれば、必然的にこの問題に突き当たることになる。なぜなら、各地に散在するであろう陵墓、あるいは陵墓伝承をも皇室の祭祀体系のなかに組み込まなくては、皇室の祭祀体系の完成はあり得ないからである。明治初頭以降、政府は陵墓政策の面でこの問題の解決のために相当な力を注いだのである。

地方の陵墓、あるいは陵墓伝承の研究は、今日の地方史・地域史研究の盛行のなかで、これからもますます取り組まれるべき分野と思われる。これは、たんに陵墓や陵墓をめぐる伝承の研究というよりも、天皇観の変遷、文献史料と伝承との相剋、地方と中央政府の軋轢、また文化財の継承等といった問題をも孕むものとして解されるべきである。

本書は、右のような見通しを持ちつつ著したものであるが、読者の皆さんが興味を持たれる部分がいくらかでもあれば、著者としてこれに過ぎる喜びはない。あわせて、各位の厳しい批判を乞うものである。

それにしても私は、自分で思いついたテーマに考えられる限りの方法で取り組むという自由奔放な研究をこれまで続けてきた。このような研究は今後も続けていくことになるが、成城大学大学院に在籍していたころから今日に至るまで、親しくご指導をいただいている我妻建治先生、佐伯有清先生、吉原健一郎先生、そして勤務先調布学園短期大学でご指導をいただいた山中裕先生には、この場をかりて感謝の気持ちを申し述べたい。

また一年に二回京都で開かれる陵墓研究会は、さまざまな経緯で陵墓の問題に取り組むに至った研究者が自由な立場から意見・情報を交換し合うかけがえのない場である。私は研究の新しい展望を得る機会として、この研究会に参加することを楽しみにしている。

そして、私のささやかな研究を直接・間接に励ましてくださった多くの方々がおられる。本書がそのような方々との研究の交流のひとつになることを心から願うものである。

なお本書の出版は、佐伯先生が歴史文化ライブラリーの著者として未熟な私をご推挙下さったことによるものである。また、吉川弘文館編集第一部の大岩由明氏、杉原珠海氏は不慣れな著者をここまで導いて下さった。ここに謝意を申し上げる次第である。

最後に、私事について少しだけ述べることを許していただきたい。わがままな性格の私を辛抱強く育ててくれた父と母には、今さらながら感謝の言葉すらみつからない。そして妻滋子、長男広、次男歩とともに築き上げた家庭なしには、私の研究は全く存在しなかった。このような環境のなかで今後も研究を続けてゆけることを、私は誇りに思っている。

一九九九年十一月

外池　昇

著者紹介

一九五七年、東京都に生まれる

一九八八年、成城大学大学院文学研究科日本常民文化専攻博士(後期)課程単位修得修了

一九九八年、博士(文学)を成城大学より授与

現在、調布学園短期大学助教授

著　書

幕末・明治期の陵墓

歴史文化ライブラリー

83

天皇陵の近代史

二〇〇〇年一月一日　第一刷発行

著　者　外《と》池《いけ》昇《のぼる》

発行者　林　英男

発行所　株式会社　吉川弘文館

東京都文京区本郷七丁目二番八号

郵便番号一一三―〇〇三三

電話〇三―三八一三―九一五一〈代表〉

振替口座〇〇一〇〇―五―二四四

印刷＝平文社　製本＝ナショナル製本

装幀＝山崎　登

歴史文化ライブラリー

1996.10

刊行のことば

現今の日本および国際社会は、さまざまな面で大変動の時代を迎えておりますが、近づきつつある二十一世紀は人類史の到達点として、物質的な繁栄のみならず文化や自然・社会環境を謳歌できる平和な社会でなければなりません。しかしながら高度成長・技術革新にともなう急激な変貌は「自己本位な刹那主義」の風潮を生みだし、先人が築いてきた歴史や文化に学ぶ余裕もなく、いまだ明るい人類の将来が展望できていないようにも見えます。このような状況を踏まえ、よりよい二十一世紀社会を築くために、人類誕生から現在に至る「人類の遺産・教訓」としてのあらゆる分野の歴史と文化を「歴史文化ライブラリー」として刊行することといたしました。

小社は、安政四年(一八五七)の創業以来、一貫して歴史学を中心とした専門出版社として書籍を刊行しつづけてまいりました。その経験を生かし、学問成果にもとづいた本叢書を刊行し社会的要請に応えて行きたいと考えております。

現代は、マスメディアが発達した高度情報化社会といわれますが、私どもはあくまでも活字を主体とした出版こそ、ものの本質を考える基礎と信じ、本叢書をとおして社会に訴えてまいりたいと思います。これから生まれでる一冊一冊が、それぞれの読者を知的冒険の旅へと誘い、希望に満ちた人類の未来を構築する糧となれば幸いです。

吉川弘文館

〈オンデマンド版〉
天皇陵の近代史

歴史文化ライブラリー
83

2017年（平成29）10月1日　発行

著　者　外《と》池《いけ》　昇《のぼる》
発行者　吉川道郎
発行所　株式会社　吉川弘文館
〒113-0033　東京都文京区本郷7丁目2番8号
TEL　03-3813-9151〈代表〉
URL　http://www.yoshikawa-k.co.jp/

印刷・製本　大日本印刷株式会社
装　幀　清水良洋・宮崎萌美

ISBN978-4-642-75483-5